KB201004

힐링,
마음 백신

healing, heart vaccine

힐링,
마음 백신
healing, heart vaccine

아홉 가지
부정적인 감정으로
힘겨워하는 당신을 위한
말씀 처방전

김동수 지음

교회성장연구소

CONTENTS

Part 2
무너진 마음으로 힘들어하는 당신을 위한 처방전

Part 3
소심해지는 당신을 위한 처방전

PROLOGUE

'나만 힘든 게 아니야, 남들도 다 힘드니까!'

살면서 힘들 때마다 나에게 위안이 되었던 독백獨白이었습니다. 특히 코로나19 시기를 지나면서 많이 되뇌었던 말입니다. 코로나19와 함께했던 시간은 한숨과 눈물의 연속이었습니다. 기도하면서 울었고 텅 빈 예배당을 바라보면서 울었고 속상해서 울었습니다. 미래에 대한 불안과 두려움에 울었습니다. 그러다 보니 어느 순간 나의 마음이 무너지고 있다는 것을 감지하게 되었습니다. 성도들에게는 힘내라고 설교했지만 정작 나 자신은 힘을 잃어 갔습니다. 성도들에게는 불안해하지 말라고 말했지만 나 자신은 미래에 대한 불안과 두려움을 떨쳐 버릴 수 없었습니다.

'목사인 나도 이렇게 힘든데 사랑하는 성도들의 마음은 얼마나 힘들까?' 그들의 마음을 위로하고 싶었습니다. 코로나19로 인해 직장을 잃고 가게의 문을 닫고 고통스러워하는 그들에게, 사랑하는 가족을 잃고 아파하는 그들에게, 모든 만남이 단절되어 외로워하는 그들에게 하나님의 만지심과 치료하심이 절실히 필요하다고 생각했습니다. 나 그리고 나와 관계된 모든 사람이 하나님으로 인해 다시 일어나길 간절히 원했습니다.

지금도 힘이 들지만 코로나19 이후에 나타날 사회 변화와 외부 충격은 마음을 더욱더 힘들게 할 것입니다. 후유증으로 사회는 그 어느 때 보다 혼란과 혼돈, 혼탁의 시기로 접어들 수도 있습니다. 물론 여기에 우리 그리스도인들도 예외는 아닙니다. 많은 사람이 마음이 무너지고 영적 침체에 빠질 수 있습니다. 이로 인해 나타날 문제가 바로 스트레스, 슬럼프, 상한 마음, 외로움, 분노, 불안, 약점, 열등감, 죄책감과 같은 것입니다. 실제로 이러한 마음의 쓰레기들이 처리되지 않을 때 많은 사람이 삶을 포기하고 자살하는 일이 벌어지기도 합니다.

성경은 말씀합니다.

"모든 지킬 만한 것 중에 더욱 네 마음을 지키라 생명의 근원이 이에서 남이니라"_잠언 4:23

그렇습니다. 마음은 모든 것의 시작입니다. 따라서 마

음이 무너지면 다 무너집니다. 우리의 마음을 잘 지켜 내는 것이 그 무엇보다 중요합니다.

마음을 지켜 낼 수 있는 비결은 말씀입니다. 스트레스, 슬럼프, 상한 마음, 외로움, 분노, 불안, 약점, 열등감, 죄책감의 문제는 말씀을 통해 깨끗이 치유되고 처리될 수 있습니다. 말씀이 해답입니다. 말씀만이 마음의 치료제입니다. 말씀을 통해서만 우리의 마음을 지켜 낼 수 있습니다.

『힐링, 마음 백신』은 이렇게 마음이 무너져 가는 이 시대에 말씀으로 마음과 영혼을 치유하기 위한 성경적 처방전입니다. 사실 우리의 상한 마음을 만져주시고 치료해 주시는 분은 하나님입니다. 그리고 그 하나님이 주시는 말씀만이 지치고 무너진 마음을 치료하는 특효약입니다. 말씀 백신만이 우리 마음과 영혼에 영적 항체를 형성하는 비밀 병기입니다.

『힐링, 마음 백신』은 사랑하는 주일교회 성도들과 함께 나눈 말씀입니다. 말씀을 전하면서 목사인 나의 마음이 치유되기 시작했습니다. 내가 힘을 얻었던, 나에게 용기를 주었던 말씀입니다. 많은 분과 귀한 말씀을 함께 나누고 싶었습니다. 그리고 이 말씀을 통해 많은 사람의 무너지고 상처 난 마음이 치유되고 회복되는 모습을 보고 싶었습니다.

이 책이 나오기까지 말씀으로 함께 영적 교감을 나누

어 준 주일교회 성도들에게 감사를 드립니다. 그리고 옆에서 묵묵히 격려해 주고 기다려주고 기도해 준 사랑하는 아내에게 감사한 마음을 전합니다. 마지막으로 따뜻한 마음으로 출판을 결정해 준 교회성장연구소와 책의 완성도를 높여 주신 편집부에도 감사를 드립니다.

모든 영광을 하나님께 올립니다.

감사합니다.

김동수 목사

STRESS
SLUMP
BROKEN HEART
LONELINESS
ANGER
ANXIETY
WEAKNESS
INFERIORITY
GUILT

Part 1

지쳐가는 당신을 위한 처방전

"해 질 무렵에 사람들이 온갖 병자들을 데리고 나아오매 예수께서 일일이 그 위에 손을 얹으사 고치시니 여러 사람에게서 귀신들이 나가며 소리 질러 이르되 당신은 하나님의 아들이니이다 예수께서 꾸짖으사 그들이 말함을 허락하지 아니하시니 이는 자기를 그리스도인 줄 앎이러라 날이 밝으매 예수께서 나오사 한적한 곳에 가시니 무리가 찾다가 만나서 자기들에게서 떠나시지 못하게 만류하려 하매 예수께서 이르시되 내가 다른 동네들에서도 하나님의 나라 복음을 전하여야 하리니 나는 이 일을 위해 보내심을 받았노라 하시고 갈릴리 여러 회당에서 전도하시더라"

누가복음 4:40-44

Chapter 1

스트레스 *STRESS*
소리 없는 삶의 파괴자

STRESS

당신은 요즈음 어떤 일로 가장 많은 스트레스stress를
받고 있습니까?

현대인들이 입에 달고 사는 말 가운데 하나가 바로 "스
트레스를 받는다"라는 말이 아닐까 싶습니다. 나날이 복
잡해지는 사회 구조와 과도한 업무, 학업, 육아, 가사, 대
인 관계 속에서 살아가는 현대인들에게 스트레스는 참으
로 익숙한 단어가 되었습니다. 이러한 스트레스는 누구
한 사람 예외 없이 모두가 경험하고 있고, 그로 인해 고
통을 호소합니다.

스트레스의 두 얼굴

　스트레스라는 말은 원래 '팽팽히 조인다stringer'라는 라틴어에서 유래되었습니다. 현악기의 줄을 팽팽하게 당긴다고 했을 때 두 가지의 결과를 가져올 수 있습니다. 먼저 연주자가 현악기의 줄을 팽팽하게 당겨 조율했을 때는 아름다운 소리를 낼 수 있습니다. 그러나 너무 팽팽하게 조이면 줄이 끊어져 못쓰게 됩니다. 이것이 바로 스트레스의 두 얼굴입니다.

　따라서 스트레스가 무조건 나쁘다고 할 수는 없습니다. 스트레스의 긍정적인 부분과 부정적인 부분이 있기 때문입니다. 스트레스가 당장은 부담스럽더라도 삶에 자극을 주어 새로운 일에 도전하게 하고, 무엇인가를 성취하게 하는 것은 '긍정적인 스트레스eustress'입니다. 이러한 긍정적인 스트레스는 당신의 인생에 플러스 요인이 됩니다. 그러나 스트레스로 우울함이나 불안, 좌절과 같은 증상들이 일어나는 것은 '부정적인 스트레스distress'입니다. 부정적인 스트레스는 건강을 잃게 하고, 삶에 치명적인 결과를 가져올 수 있습니다. 일반적으로 "스트레스를 받는다"라고 말할 때는 후자(後者)를 의미하는 경우가 많습니다.

스트레스의 역설적 진리

스트레스는 두 가지 공통점을 가지고 있습니다. 첫째, 그 누구도 피할 수 없습니다. 모든 사람은 원하든 원하지 않든 스트레스를 받습니다. 미국 국립보건원 조사에 의하면 직장인의 70%가 심각한 스트레스를 받는다고 답했습니다. 그중 50% 정도는 스트레스로 인해 퇴사를 생각하고 있다고 응답했습니다. 어디 직장인뿐이겠습니까? 사회 활동을 하는 모든 사람은 스트레스에 시달리고 있습니다. 스트레스에는 어느 누구도 예외가 없습니다.

둘째, 스트레스는 건강을 빼앗아 가는 주범입니다. 그래서 스트레스를 '소리 없는 살인자'라고 합니다. 우울증, 만성 피로증후군, 면역력 약화, 자살의 주主 원인이 되

는 것이 바로 스트레스입니다. 특히 60세 이전 돌연사의
90%가 과도한 스트레스 때문이라고 합니다.

스트레스가 있었던 예수님의 삶

예수님의 일상을 자세히 들여다보면 엄청난 스트레스
를 받을 수밖에 없는 삶이었음을 알 수 있습니다. 첫째로
예수님은 늘 분주한 삶을 사셨습니다. 끊임없이 이어지
는 사역으로 쉴 틈이 없으셨습니다. 가르치는 일, 질병과
약한 자들을 치유하고 돌보는 일, 천국 복음을 전파하는
일 등 그 사역의 양은 몸이 열 개라도 부족한 상황이었
습니다. 누가복음 4장에는 예수님의 이러한 분주한 모습
이 잘 나타나 있습니다.

"해 질 무렵에 사람들이 온갖 병자들을 데리고 나아오매
예수께서 일일이 그 위에 손을 얹으사 고치시니"_누가복음
4:40

"날이 밝으매 예수께서 나오사 한적한 곳에 가시니 무리가 찾다가 만나서 자기들에게서 떠나시지 못하게 만류하려 하매"_누가복음 4:42

둘째로 예수님은 늘 유대인들의 비난과 반대, 협박과 위협에 시달리셨습니다. 예수님을 힘들게 했던 것은 분주함과 사역의 중압감 때문만은 아니었다는 것입니다. 사사건건 예수님이 하시는 일에 시비를 걸고 반대하는 사람들로 인해 더 많은 스트레스를 받으셨습니다.

"그들은 노기가 가득하여 예수를 어떻게 할까 하고 서로 의논하니라"_누가복음 6:11

한마디로 인성人性을 가지신 예수님의 삶은 엄청난 스트레스를 받을 수밖에 없었습니다. 나 같았으면 벌써 무너져버렸을 것입니다. 그러나 예수님은 이러한 사역의 중압감과 외부의 공격에도 늘 평온함을 유지하셨고 느긋하고 안정된 삶을 사셨습니다. 그리고 자신에게 맡겨진 하나님의 일을 멋지게 완수하셨습니다.

이것은 무엇을 말합니까? 예수님은 일상에서 받는 많은 스트레스를 잘 관리하셨을 뿐만 아니라, 그 스트레스를 해소할 수 있는 영적 비밀을 알고 계셨다는 것입니다. 스트레스를 안 받는 것도 중요하지만 그것보다 더 중요한 것은 받은 스트레스를 해소하는 방법과 지혜에 있다고 할 수 있습니다.

당신의 경우 스트레스를 받을 때 어떻게 해소하는 편입니까? 당신만의 스트레스 해소법이 있습니까? 어떤 사람은 술로, 또 다른 사람은 음식이나 취미로, 그밖에 음란과 향락으로 스트레스를 해소하기도 합니다. 또한 음악을 감상하기도 하고 명상이나 산책과 같은 방법으로 스트레스를 푸는 사람들도 있습니다. 물론 이러한 방법이 일시적으로는 도움이 될 수도 있습니다. 그러나 당신 안에 깊숙이 쌓여 있는 스트레스를 해소하기에는 역부족입니다. 잘못하면 오히려 스트레스 풀다가 자기 파괴와 자살에 이르는 끔찍한 결과를 가져올 수도 있습니다.

그렇다면 당신의 일상에서 주어지는 인생 불행의 주범인 스트레스를 어떻게 해소할 수 있을까요? 예수님께 그힌트를 얻을 수 있습니다.

01. 당신의 현주소를 파악하라

예수님은 자신이 누구인지 무엇을 위해 이 땅에 왔는지 그리고 무슨 일을 어떻게 해야 하는지를 정확히 알고계셨습니다.

"예수께서 이르시되 내가 다른 동네들에서도 하나님의나라 복음을 전하여야 하리니 나는 이 일을 위해 보내심을받았노라 하시고"_누가복음 4:43

예수님은 자신의 정체성을 분명히 알고 계셨습니다. 그리고 자신에게 주어진 길을 묵묵히 걸어가셨습니다. 이것이 바로 수많은 외부 공격과 엄청난 사역의 양量에도 스트레스를 덜 받고 즐겁게 사역할 수 있었던 예수님의 비밀 병기였습니다.

여기에서 깨닫게 되는 한 가지는 당신이 스트레스를 덜 받기 위해서는 어떤 일을 할 때 예수님처럼 분명한 소명 의식, 즉 '나는 누구인가? 왜 이 일을 해야 하는가?'라는 것을 정확히 알아야 한다는 것입니다. 당신의 현주소를 잘 파악해야 하는 것입니다. 그럴 때 당신은 많은 일을 하는 가운데 분주하고 피곤하더라도 스트레스를 덜 받고 기쁘게 일할 수 있게 됩니다.

한마디로 스트레스를 적게 받는 삶을 살기 위해서는 당신의 상황, 당신의 위치, 당신의 역할, 당신의 목표와 비전을 정확히 파악하고 인지해야 합니다. 예를 들어 직장이나 사회에서 당신이 누구인지 당신의 현주소를 잘 파악하고 일해야 스트레스를 덜 받게 됩니다. 가정에서도 남편으로, 아내로, 부모로서의 위치를 잘 인식하고 생활해야 스트레스를 받지 않습니다. 또한 교회에서도 한 사람의 그리스도인으로, 직분자로 무엇을 해야 할지 자신의 역할을 분명히 알고 사역해야 사역에 대한 부담감 줄일 수 있습니다. 이렇게 당신의 현주소를 알고 움직일 때 끌려가는 삶이 아니라 주도적인 삶을 살게 됩니다. 만약 자신의 현주소를 정확하게 파악하지 못하면 누군가에게 그리고 무엇인가에 끌려가는 삶을 살게 됩니다. 결국, 이러한 삶은 스트레스의 연속일 수밖에 없습니다.

나는 부교역자들에게 이런 말 자주 하곤 합니다. "여러분이 담임목사라면 어떻게 할지를 생각하고 움직이십시오." 이 말의 의미는 주도적으로 생각하고 사역하라는 것입니다. 누가 시켜서 억지로 끌려가 일을 하는 순간 그 사역은 즐거움이 아니라 고역이 되기 때문입니다. 그리고 스트레스를 받기 때문입니다. 똑같은 일도 자기가 좋아서 하는 일은 스트레스를 받지 않습니다. 그러나 누군가 시켜서 어쩔 수 없이 하는 일은 스트레스를 받게 됩니다.

성경에 나오는 행복한 사역자들의 공통점은 모두 자신

이 누구인지, 어떤 일을 해야 할지를 스스로 알고 움직였던 사람들이었고 그 결과 주변 사람과 환경에 휘둘리지 않고 자기 주도적으로 일을 했습니다.

그렇습니다. 당신은 살면서 스트레스를 안 받을 수는 없습니다. 그러나 예수님처럼 당신이 무엇을 해야 하는 사람인지, 지금 당신이 해야 할 일은 무엇인지 빨리, 제대로 알아야 합니다. 그리고 그것을 알았다면 환경과 상황, 사람에게 끌려가지 말고 그 일을 주도적으로 처리해 나가야 합니다. 그럴 때 스트레스에서 어느 정도 자유함을 얻을 수 있는 것입니다. 이것이 예수님의 스트레스 해소를 위한 첫 번째 비밀 병기입니다.

이제 당신의 현주소를 제대로 알고 더 나아가 하나님이 주신 사명과 함께 분명한 인생의 목적을 가지고 자기 주도적인 삶을 사십시오. 그리고 당신이 있는 자리에서 온 힘을 다하여 하나님이 맡기신 그 일을 통해 하나님께 영광을 돌리십시오. 그럴 때 소리 없는 삶의 파괴자인 스트레스는 힘을 잃고 말 것입니다.

02. 우선순위를 세우라

예수님은 무척 바쁘고 분주한 삶을 사셨습니다. 새벽부터 저녁까지 눈코 뜰 새 없이 사역에 시달리셨습니다. 그러나 예수님은 그런 엄청난 사역의 양에도 전혀 흔들림 없이 질서 있고 정돈된 삶을 사셨습니다.

"날이 밝으매 예수께서 나오사 한적한 곳에 가시니 무리가 찾다가 만나서 자기들에게서 떠나시지 못하게 만류하려 하매 예수께서 이르시되 내가 다른 동네들에서도 하나님의 나라 복음을 전하여야 하리니 나는 이 일을 위해 보내심을 받았노라 하시고"_누가복음 4:42-43

예수님이 분주함 속에서도 여유 있는 삶을 사신 두 번째 비밀 병기는 우선순위가 분명한 삶을 사셨다는 것입니다. 다시 말하면 무엇이 중요한 일인지, 무엇이 덜 중요한 일인지를 분명히 아셨고 중요한 일 앞에서는 과감히 덜 중요한 일은 내려놓고 포기하는 삶을 사셨습니다. 누가복음 4장에 보면 많은 사람이 예수님을 자신들과 더 머물게 하려고 가시는 것을 만류합니다. 그러나 예수님은 더 중요한 일, 즉 하나님 나라의 복음을 전하는 일을 위해 제자들의 만류에도 불구하고 그곳을 떠나십니다. 이렇게 예수님은 덜 중요한 일에는 시간을 **빼앗기지** 않으셨고, 중요하다고 판단되는 일 앞에서는 단호하게 다른 일을 거절하고 포기하셨습니다. 한마디로 예수님의 삶은 우선순위가 분명했고, 정해진 루틴routine에 따라 움직이셨기에 스트레스를 덜 받고 늘 여유 있는 삶을 사셨던 것입니다. 물론 예수님께 있어 최우선순위는 마태복음 6장 33절의 말씀처럼 먼저 그 나라와 의를 구하는 일, 즉 복음전파와 제자 삼는 일, 치유와 회복의 사역이었습니다.

현대인의 삶의 특징은 늘 분주하고 바쁘다는 것입니다. 지난 한 주간 당신의 삶은 어땠습니까? 여유가 있었습니까? 아니면 눈코 뜰 새 없이 바빴습니까? 일반적으로 사람들은 분주하고 바빠서 스트레스를 받는다고 생각합니다. 그러나 사실 알고 보면 스트레스를 받는 이유는 바쁘고 분주해서가 아닙니다. 무엇이 중요하고 무엇이 덜 중요한 일인지 잘 구분하지 못해서인 경우가 많습니다. 오히려 중요한 일로 분주하면 기쁨과 보람이 있는 법입니다. 그러나 덜 중요한 일에 온통 시간을 뺏기고 분주할 때 결과적으로 스트레스를 받게 됩니다.

나의 경우 목사로서 가장 중요한 일을 손꼽으라고 하면 설교라고 말할 것입니다. 목사에게 있어 설교는 기쁨이요, 보람입니다. 하지만 스트레스의 요인이 되기도 합니다. 30년 이상 설교해 왔지만 지금도 설교에서 자유롭지 못하고 항상 전전긍긍하기 일쑤입니다.

나에게는 나만의 설교 준비 루틴이 있습니다. 월요일과 화요일에는 오는 주일 설교 본문을 묵상합니다. 수요일에는 본문과 연관된 주석들을 보면서 노트합니다. 그리고 목요일에는 설교 초안을 잡습니다. 금요일 오전에 주보 작업실로 설교 제목과 본문이 넘어가고 온종일 본문을 더 깊이 들여다보며 설교를 완성합니다. 토요일에 출근해서는 완성된 설교문을 다시 한번 점검하고 방송실로 원고를 넘깁니다. 그런데 가끔 뜻밖의 일로 인해 이러한 설교 준비 루틴이 깨어질 때는 분주해지고 쫓기게 되어 스트레스를 받게 됩니다. 그때마다 깨닫는 것은 우선순위에 따라 살면 여유와 일에 대한 보람과 기쁨이 있고 스트레스를 덜 받게 된다는 사실입니다.

바쁜 중에도 심플simple하고 여유 있는 삶을 살기 위한 한 가지 중요한 팁tip이 있다면 바로 거절의 지혜를 가지고 사는 것입니다. 예수님은 사역의 중요도에 따라 우선순위를 정하고 '예yes'와 '아니오no'를 분명히 하셨습니다. 누가복음 4장 43절에서도 제자들의 요구에 '아니오'라고 분명히 거절함으로 주어진 중요한 일을 일관성 있게 지속해 나가시는 모습을 볼 수 있습니다.

한국 사람은 정 때문에 남의 부탁을 잘 거절하지 못하

는 경향이 있습니다. '예'와 '아니오'가 분명하지 않습니다. '예스'와 '노'가 분명하지 않다는 것입니다. 여기에서 많은 부정과 부패가 발생하기도 합니다. 세상에서 성공적인 삶을 산 리더들의 특징은 '예스'와 '노'가 분명했습니다. 거절할 때도 상대방이 기분 나쁘지 않도록 지혜롭게 거절하고 자기의 생각을 분명하고 단호하게 표현했습니다.

당신에게 주어진 시간과 물질, 노력에는 한계가 있습니다. 이 말은 당신은 절대 한꺼번에 많은 일을 할 수 없다는 뜻이기도 합니다. 따라서 적절한 거절의 지혜를 통해 가장 중요한 일에 집중하는 습관을 가져야 합니다. 그래야 스트레스를 덜 받는 삶을 살게 됩니다. 삶이 심플해집니다.

03. 적절한 쉼의 시간을 가져라

예수님은 바쁘신 와중에도 한적한 곳에 가셔서 쉬며

기도로 재충전을 하셨습니다. 조용한 곳에서 여유를 가지고 사역의 우선순위를 정하셨고, 새로운 사역을 계획하셨습니다. 이것이 바로 인성을 가지신 예수님의 스트레스 관리법이었습니다.

"날이 밝으매 예수께서 나오사 한적한 곳에 가시니 무리가 찾다가 만나서 자기들에게서 떠나시지 못하게 만류하려하매"_누가복음 4:42

그렇습니다. 속도전의 시대에, 그래서 스트레스를 받기 쉬운 시대에 살아가는 당신이 꼭 기억해야 할 것이 바로 쉼의 지혜입니다. 이것은 예수님께서 사용하신 재충전의 방법이었고 하나님의 명령이기도 합니다. 적절한 쉼이 곧 스트레스를 덜 받고 멀리 가는 비결입니다. 아무리 바빠도, 손해 보는 일이 있어도 쉼의 시간은 모든 사람에게 꼭 필요합니다. 잊지 말아야 할 것은 쉼은 낭비의 시간, 의미 없는 시간이 아니라 내일을 위해 육체적으로, 개인적으로, 가정적으로 꼭 필요한 시간입니다. 그리고 삶의 페이스를 조절함으로 스트레스를 이완시킬 수 있는 가장 지혜로운 방법이기도 합니다.

쉼은 장소적 이동만을 말하지 않습니다. 국내 또는 국외로 여행을 가는 것만이 쉼이 아닙니다. 쉼은 반복되는 일상의 변화relax와 단절break time을 의미하는 것이기에 당신이 생활하는 삶의 자리에서도 얼마든지 쉼의 시간을 가질 수 있습니다.

특별히 그리스도인들에게 쉼과 재충전을 주는 영적 비밀이 있다면 그것은 바로 기도입니다. 예수님도 바쁜 삶 속에서 규칙적으로 하셨던 것이 바로 한적한 곳을 찾아가서 기도하는 것이었습니다. 기도를 통해 일상을 정리하셨고, 기도를 통해 쌓였던 스트레스를 해소하셨습니다. 당신도 쉼의 시간에 기도를 통해 당신을 발견하고 일의 우선순위를 세우며 수고하고 무거운 짐을 내려놓기 바랍니다. 기도할 때 하나님이 만져주시고, 담대함을 주시고, 지친 당신을 다시 일어서게 하십니다. 회복과 재충전의 은혜를 부어 주십니다. 기도의 자리는 진정한 쉼의 자리입니다.

모든 사람은 스트레스가 많은 세상에 살고 있습니다. 아무리 능력이 많고 가진 돈이 많아도, 아무리 지식과 가진 권력이 있어도, 아무리 가정이 행복해도, 아무리 원대한 미래의 꿈과 목표가 있더라도 지금 당신을 무차별적으로 공격하는 스트레스를 잘 관리하지 못하면 한 방에 훅 가는 수가 있습니다.

스트레스 해소법! 이제 예수님의 모범을 따라 하길 바랍니다. 일에 끌려가지 말고 주도적인 삶을 사십시오. 삶의 우선순위를 분명히 하고 중요한 일에 집중하십시오. 중요하지 않은 일은 과감히 내려놓고 포기하십시오. 그리고 지혜롭게 거절하십시오. 멀리 가기 위해서 쉼의 시간relax, break time을 가지십시오. 그리고 쉼의 자리에서 기도하십시오. 그럴 때 스트레스는 오히려 당신 삶에 동기를 부여하고 성장과 성숙을 가져오는 긍정적인 요인이 될 것입니다.

스트레스 힐링 백신

01. 당신의 현주소를 파악하라

당신은 어떤 사람이고 무엇을 해야 하는 사람인가? 당신의 현주소를 파악하고 삶을 주도적으로 살라. 끌려다니는 인생이 되지 마라.

02. 우선순위를 세우라

삶의 우선순위를 정하고 중요하지 않은 일은 단호하게 거절하고 포기하라. 중요한 일에 집중하라. 지혜롭게 '아니오'라고 말하라.

03. 적절한 쉼의 시간을 가져라

반복되는 일상에서 쉼의 시간을 가져라. 쉼을 통해 삶의 페이스를 조절하라. 쉼은 멀리 갈 수 있는 비밀 병기이다.

스트레스 말씀 처방전

소리 없는 삶의 파괴자인 스트레스로 인해 힘든 당신을 위한 말씀 처방전.

: 예수님의 모범 따라 하기.

"수고하고 무거운 짐 진 자들아 다 내게로 오라 내가 너희를 쉬게 하리라"_마태복음 11:28

"네 짐을 여호와께 맡기라 그가 너를 붙드시고 의인의 요동함을 영원히 허락하지 아니하시리로다"_시편 55:22

"아합이 엘리야가 행한 모든 일과 그가 어떻게 모든 선지자를 칼로 죽였는지를 이세벨에게 말하니 이세벨이 사신을 엘리야에게 보내어 이르되 내가 내일 이맘때에는 반드시 네 생명을 저 사람들 중 한 사람의 생명과 같게 하리라 그렇게 하지 아니하면 신들이 내게 벌 위에 벌을 내림이 마땅하니라 한지라 그가 이 형편을 보고 일어나 자기의 생명을 위해 도망하여 유다에 속한 브엘세바에 이르러 자기의 사환을 그 곳에 머물게 하고 자기 자신은 광야로 들어가 하룻길쯤 가서 한 로뎀 나무 아래에 앉아서 자기가 죽기를 원하여 이르되 여호와여 넉넉하오니 지금 내 생명을 거두시옵소서 나는 내 조상들보다 낫지 못하니이다 하고 로뎀 나무 아래에 누워 자더니 천사가 그를 어루만지며 그에게 이르되 일어나서 먹으라 하는지라 본즉 머리맡에 숯불에 구운 떡과 한 병 물이 있더라 이에 먹고 마시고 다시 누웠더니 여호와의 천사가 또 다시 와서 어루만지며 이르되 일어나 먹으라 네가 갈 길을 다 가지 못할까 하노라 하는지라 이에 일어나 먹고 마시고 그 음식물의 힘을 의지하여 사십 주 사십 야를 가서 하나님의 산 호렙에 이르니라"

열왕기상 19:1-8

슬럼프 *SLUMP*

감정의 깊은 수렁

SLUMP

당신은 슬럼프slump에 빠져본 적이 있습니까?

  슬럼프의 사전적 의미는 운동 경기 따위에서 자기 실력
을 제대로 발휘하지 못하고 저조한 상태가 길게 지속되
는 것을 말합니다. 일반적으로 심신의 상태가 지쳐서 만
사가 귀찮고 무기력해진 상태, 삶의 의욕과 일에 대한 의
욕을 잃어버리고 자포자기한 상태를 일컬어 슬럼프라고
말합니다. 요즈음 당신의 모습, 당신의 이야기 같다고요?
그럴 수도 있습니다. 모든 사람은 예외 없이 인생에서 크
고 작은 슬럼프를 경험하게 되니까요.

슬럼프는 감정의 감기와도 같다

코리아리쿠르트 통계 조사에 의하면 직장인의 97.7%
가 슬럼프를 경험했다고 합니다. 그중 43.9%가 슬럼프에
빠졌을 때 회사를 그만두고 싶은 마음이 들었다고 합
니다.

자살의 경우 65%가 슬럼프에 빠졌을 때이고, 우울증
의 경우 70%가 깊은 슬럼프의 수렁에서 시작된다고 합니
다. 그런데 이러한 슬럼프는 빈부귀천貧富貴賤, 지위고하地
位高下를 막론하고 누구에게나 찾아옵니다. 그래서 심리학
자들은 슬럼프를 '감정의 감기'라고도 표현합니다. 따라서
이러한 슬럼프는 잘 대처하면 환절기 감기처럼 가볍게 지
나가기도 하지만, 잘못 대처하면 치명적인 결과를 가져올
수도 있습니다. 물론 여기에서 당신도 예외는 아닙니다.

당신의 인생 길목에서 만나는 크고 작은 슬럼프를 잘
극복해 낼 수 있기를 바랍니다. 그리고 지금 슬럼프에 빠
져 있다면 말씀 백신을 통해 슬럼프의 수렁에서 벗어나

는 기회를 붙잡길 바랍니다. 하나님은 완전하십니다.

믿음의 거장 슬럼프에 빠지다

열왕기상 19장에 보면 슬럼프에 빠진 한 사람이 나옵니다. 바로 선지자 엘리야Elijah입니다. 엘리야는 북 왕국 이스라엘에서 활동하던 선지자였습니다. 당시 왕이었던 아합Achab, BC 874경~853경 재위은 가장 악한 왕이었습니다. 그는 북이스라엘의 7대 왕으로 22년간을 통치했습니다. 아합 왕이 통치하던 시기는 북이스라엘이 역사상 가장 타락한 시기였고 우상숭배가 가장 만연했던 때였습니다. 이렇게 타락한 시대에 활동했던 선지자가 바로 엘리야입니다.

엘리야는 한시대를 대표하는 예언자였습니다. 그는 하나님의 입과 같은 사람, 즉 하나님의 대변인이었습니다. 불의 사자였습니다. 당대 최고의 영적 영향력을 보여 주었던 민족의 영웅이었습니다. 그뿐만이 아닙니다. 기적의 주인공이었고 엄청난 하나님의 일을 해냈던 위대한 사명자였습니다.

아니 이렇게 믿음이 대단한 사람도, 이렇게 훌륭한 영적 지도자도 슬럼프에 빠진단 말입니까? 그렇습니다. 열왕기상 19장에 보면 분명 엘리야는 극심한 슬럼프에 빠져 있습니다. 육체적으로 지쳐 있고 감정적으로도 고갈되어 있었습니다. 영적으로도 완전히 무너져 있는 상태였습니다. 엘리야는 지금 아무것도 할 수 없을 정도로 극도의 무기력한 상태에 빠져 있습니다.

어쩌면 엘리야의 이러한 모습은 야고보 사도가 말씀한 것처럼 당신과 성정이 같은 사람, 당신과 조금도 다를 바 없는 사람, 당신과 똑같은 문제로 힘들어하고 무너지는 사람이라는 것을 알 수 있습니다.

"엘리야는 우리와 성정이 같은 사람이로되 그가 비가 오지 않기를 간절히 기도한즉 삼 년 육 개월 동안 땅에 비가 오지 아니하고"_야고보서 5:17

그렇습니다. 지금 엘리야는 3년 동안 나라와 민족을 위해서 하나님의 말씀을 대언 했고 많은 기적을 행했습니다. 하지만 조금도 변하지 않는 사람들을 보며 허탈감에 빠져 있습니다. 하나님과 우상 사이를 방황하며 신앙의 균형을 잡지 못하는 사람들을 보며 좌절감에 빠져있습니다. 또한 잘될 때는 주변에 많은 사람이 격려자가 되었고 동역자가 되었지만, 위기에 빠진 지금 그의 주변에는 아무 사람도 없습니다. 그는 이제 홀로 로뎀 나무 아래에 앉아 하나님 앞에서 죽기를 구하고 있습니다. 너무나 처절한 모습입니다.

"자기 자신은 광야로 들어가 하룻길쯤 가서 한 로뎀 나무 아래에 앉아서 자기가 죽기를 원하여 이르되 여호와여 넉넉하오니 지금 내 생명을 거두시옵소서 나는 내 조상들보다 낫지 못하니이다 하고"_열왕기상 19:4

유진 피터슨Eugene H. Peterson의 『메시지 성경』에서는 이렇게 표현하고 있습니다. "하나님, 이만하면 됐습니다.

저를 죽여 주십시오." 지금 엘리야는 두려움과 적개심, 죄책감과 분노, 외로움과 미래에 대한 불안 등으로 인해 완전히 무기력한 상태이며, 깊은 슬럼프에 빠져 있다는 것을 알 수 있습니다.

그러나 엘리야는 이렇게 극심한 슬럼프를 극복했다는 사실을 당신은 알아야 합니다. 과연 엘리야는 이러한 슬럼프를 어떻게 극복해 냈을까요? 사실 정확히 말하자면 엘리야가 극복해 낸 것이 아니라 하나님이 극복하게 하셨다는 표현이 맞습니다. 하나님이 슬럼프에 빠진 엘리야를 그 슬럼프에서 끌어내셨다는 것이 더 정확한 말입니다. 그렇다면 슬럼프에 빠진 엘리야를 위한 하나님의 처방전은 무엇이었을까요?

01. 환경에 민감하지 말고 하나님께 민감하라

열왕기상 18장에 보면 유명한 갈멜 산Mt. Carmel 대결이 나옵니다. 엘리야는 당시 우상 숭배자들이었던 바알의 선지자 450명과 아세라 선지자 400명을 갈멜 산으로 불러 모으고 하나님과 그들이 섬기는 우상 중 누가 참 신神인지 대결합니다. 물론 갈멜 산 대결은 엘리야의 통쾌한 승리로 끝이 납니다. 아합 왕과 우상 숭배자들은 시퍼렇게 살아계신 하나님을 경험하게 됩니다. 특히 아합 왕에게 더 굴욕적이었던 것은 850명의 바알과 아세라 선지자가 백성에 의해 자신의 눈앞에서 처형을 당하게 되었다는 것입니다. 더 놀라운 것은 이스라엘에 3년 동안 비가 오지 않았는데 엘리야의 기도로 큰비가 내리게 되었다는 것입니다. 하나님이 살아 계시다는 것을 확실히 보여 준 가장 통쾌한 반전이라고 할 수 있습니다.

그런데 열왕기상 19장 1절에 보면 아합 왕은 이러한 하나님의 역사하심을 보며 너무도 두렵고 불안해합니다. 백성의 마음이 자기에게서 돌아섰기 때문에 아마 쿠데타를 염려했을 수도 있습니다. 결국 극도로 불안했던 아합 왕은 이 모든 상황을 아내 이세벨에게 상세하게 이야기합니다. 그런데 아합 왕의 이야기를 들은 이세벨의 대답은 참으로 엄청납니다.

이세벨이 누구입니까? 이방 여인, 우상 숭배자의 딸, 그리고 바알과 온갖 우상을 이스라엘에 들여온 여인입니다. 자신을 따르던 바알 선지자들과 아세라 선지자들이 다 죽임을 당했다는 소식에 그녀는 자존심이 상할 대로 상했을 것입니다. 또한 엘리야를 그냥 내버려 두었다가는 나라에 반역이 일어날 것이 틀림없다고 직감했을 수도 있습니다. 결국, 이세벨은 엘리야에게 이렇게 선언한 것입니다. "내가 24시간 안에 반드시 엘리야 너를 죽일 것이다. 그렇지 않으면 나는 자살하고 말 것이다." 참으로 무서운 말입니다.

"이세벨이 사신을 엘리야에게 보내어 이르되 내가 내일 이맘때에는 반드시 네 생명을 저 사람들 중 한 사람의 생명과 같게 하리라 그렇게 하지 아니하면 신들이 내게 벌 위에 벌을 내림이 마땅하니라 한지라"_열왕기상 19:2

여기에서 문제가 일어납니다. 이세벨의 독기어린 협박에 믿음의 거장 엘리야가 한순간에 무너지고 있다는 것입니다. 어제까지 그렇게 담대했던 하나님의 사람, 기적의 사람, 능력의 사람 엘리야가 이세벨의 한마디에 한순간에 주저앉고 맙니다. 조금 실망하고 낙심하는 정도가 아닙니다. "하나님 이만하면 됐습니다. 저를 죽여 주십시오"라고 말합니다.

그렇다면 무엇 때문에 엘리야가 슬럼프에 빠지게 된 것일까요? 그 해답은 바로 열왕기상 19장 3절 말씀에 있습니다.

"그가 이 형편을 보고 일어나 자기의 생명을 위해 도망하여 유다에 속한 브엘세바에 이르러 자기의 사환을 그 곳에 머물게 하고"_열왕기상 19:3

믿음의 사람 엘리야가 한순간에 무너져 내린 것은 바로 '이 형편'만을 보고 움직였기 때문입니다. 다시 말하면 지금까지 하나님만을 보고 움직였던 엘리야가 갑자기 '자신 앞에 놓인 형편'을 더 크게 본 것입니다. 지금까지 하나님께만 집중했고, 하나님께만 민감했던 엘리야가 갑자기 자신이 처한 상황에 민감해진 것입니다. 진리에 민감했던 엘리야가 감정에 민감해진 것입니다.

02. 감정feel보다는 사실fact에 집중하라

심리학자들은 슬럼프에 빠졌을 때 감정보다는 사실에 초점을 맞추라고 말합니다. 대부분 슬럼프에 빠지는 이유는 사실보다 자기의 느낌과 감정대로 생각하고 판단하기 때문이라는 것입니다. 객관적인 사실은 아무런 문제가 없는데 자기 스스로 실패자라고 생각하고, 자기 스스로 거짓 감정에 속아 넘어간다는 것입니다.

엘리야의 경우, 객관적 사실은 지금 죽을 만큼의 상황은 아닙니다. 오히려 두려운 쪽은 아합 왕과 이세벨입니다. 실패자는 엘리야가 아니라 아합 왕과 이세벨입니다. 이세벨은 자기가 두려우니까 엘리야를 겁주기 위해서 그 냥 독설을 내뱉은 것뿐입니다. 그런데 엘리야는 지금 그 말에 속아 넘어가 자신이 모든 일에 실패자라고 느끼게 된 것입니다. 이러한 거짓된 감정은 결국 엘리야를 슬럼 프에 빠뜨리고 맙니다.

여기에서 당신이 알아야 할 것이 있습니다. 첫째, 당신이 느끼는 감정이 항상 다 옳은 것은 아닙니다. 당신이 느끼는 감정은 사실과 전혀 다를 수 있습니다. 한 번의 실수로 당신이 완전 실패자라 여기고 그 느낌에 빠져 자포자기를 하거나, 자기 학대에 빠지는 경우가 그 예입니다. 당신이 거짓 감정에 속은 것이지요.

둘째, 감정이라는 것은 하루에도 몇 번씩 바뀔 수 있습니다. 감정은 변화무쌍하고 기복이 심합니다. 따라서 이러한 감정의 지배를 받으면 사실은 아무렇지도 않은데 혼자서 소설을 쓰게 됩니다. '주변 사람들이 다 나를 욕

할 거야! 모든 사람이 다 나를 싫어할 거야!'라고 생각합니다. 사실은 전혀 그렇지 않은데 말입니다. 이렇게 감정의 지배를 받게 되면 결국 자기 함정에 빠지게 되고 슬럼프라는 늪에 빠지게 되는 것입니다.

이제 당신의 감정과 형편에 민감하게 반응하지 말고 정확한 사실을 보게 하시는 하나님께 민감하기 바랍니다. 나아가 당신의 느낌, 당신의 형편에 따라 판단하고 움직이는 사람이 아니라 하나님 때문에 움직이고, 길이요 진리요 생명 되신 예수님만이 당신의 판단기준이 되기를 바랍니다. 그 진리가 슬럼프에서 당신을 자유롭게 할 것입니다.

03. 사람의 위로보다 하나님의 위로를 사모하라

살면서 거듭 깨닫는 것은 진정한 위로는 다른 것에서 올 수 없다는 사실입니다. 정말 힘들고 어려울 때, 슬럼프에 빠져 힘들어할 때 당신을 진정으로 위로하는 분은 하나님 한 분뿐이라는 사실을 깨닫기 바랍니다. 물론 때로 사람의 위로도 필요합니다. 그 위로가 일시적으로 힘이 되기도 합니다. 그러나 정말 바닥을 치는 슬럼프 상황에서는 그다지 도움이 되지 않습니다.

진정한 위로, 본질적인 위로는 하나님만이 주십니다. 슬럼프에 빠졌을 때 주변 사람이나 다른 것에서 위로를 찾지 말고 하나님의 위로를 사모하고 기대하길 바랍니다. 하나님의 위로만이 당신을 슬럼프에서 다시 일어서게 할 수 있으며 회복의 은혜를 준다는 사실을 잊지 말기 바랍니다.

슬럼프에 빠진 엘리야를 치유하시는 하나님의 방법을 보십시오.

"로뎀 나무 아래에 누워 자더니 천사가 그를 어루만지며 그에게 이르되 일어나서 먹으라 하는지라"_열왕기상 19:5

극심한 슬럼프에 빠져 지치고 쓰러져 있는 엘리야를 하나님은 어루만져 주십니다. 하나님의 어루만지심은 구체적이고 실질적입니다. 한 번만이 아니라 회복될 때까지 지속해서 먹이시고 돌보십니다. 무척이나 완벽한 위로입니다. 엘리야가 슬럼프를 넉넉히 이길 수 있게 하는 충분한 위로입니다.

　　여기에서 깨닫게 되는 것이 있습니다. 슬럼프에 빠졌을 때 하나님 앞에서 혼자 있는 시간을 많이 가져야 한다는 사실입니다. 슬럼프의 순간에는 사람을 많이 만날 필요가 없습니다. 오히려 더 복잡해집니다. 그렇다고 그냥 혼자 있어서도 안 됩니다. 슬럼프에 더 깊이 빠질 수 있기 때문입니다. 반드시 하나님 앞에 혼자 있어야 합니다. 하나님과 대화하고, 하나님 앞에서 당신의 심정을 토해 놓는 시간이 필요합니다. 그때 하나님은 당신을 치료해 주십니다. 엘리야처럼 어루만져 주시고 영혼의 만나를 먹여 주시고 슬럼프에서 다시 일어설 수 있는 힘과 용기를 주십니다.

혹시 지금 엘리야처럼 극심한 슬럼프로 인해 낙심의 자리, 절망과 포기의 환경, 불안과 두려움의 상황에 있습니까? 그렇다면 하나님의 위로를 사모하길 바랍니다. 하나님의 어루만지심을 기대하길 바랍니다. 그때 하나님의 지속적인 은혜가 공급될 것입니다.

슬럼프는 상대를 가리지 않고 누구에게나 찾아옵니다. 믿음의 사람들도 예외가 아닙니다. 또한 슬럼프는 큰 성공과 성취 뒤에도 찾아오고 일이 뜻대로 되지 않을 때도 찾아옵니다. 큰 승리를 거둔 신앙의 거장 엘리야에게도 슬럼프가 왔듯이 말입니다.

이제 슬럼프가 찾아왔을 때 환경에 민감하지 말고 하나님께 민감함으로 극복하기를 바랍니다. 거짓된 감정, 나쁜 감정에 지배를 받지 말고 믿음의 주요 온전케 하시는 이인 예수님을 바라보며히 12:2, 예수님의 지배를 받길 바랍니다. 그리고 사람의 위로보다 하나님의 위로와 하나님의 따스한 손길을 사모하길 바랍니다. 그러기 위

해 하나님 앞에서 홀로 있는 기도의 시간을 많이 가지길
바랍니다. 그럴 때 슬럼프는 당신 인생에 성장과 성숙을
위한 디딤돌이 될 것입니다.

슬럼프 힐링 백신

01. 환경에 민감하지 말고 하나님께 민감하라

형편과 상황을 보고 움직이면 안 된다. 진리에 민감하고 하나님을 더 크게 보라.

02. 감정보다는 사실에 집중하라

정확히 보면 지금 죽을 만큼의 상황은 아니다. 거짓 감정에 속지 마라. 사실에 주목하고 진리에 집중하라.

03. 사람의 위로보다 하나님의 위로를 사모하라

본질적 위로는 하나님이 주신다. 당신의 마음을 진짜 어루만져 주시는 분은 하나님이시다. 슬럼프의 수렁에서 벗어나는 것은 당신의 힘이 아니라 하나님의 힘이 절대적으로 필요하다는 것을 기억하라.

슬럼프 말씀 처방전

　심신이 지쳐서 만사가 귀찮고 무기력한 슬럼프 상태에 있는 당신을 위한 말씀 처방전.
　: 엘리야를 어루만져 주신 하나님의 위로를 사모하기.

"우리의 모든 환난 중에서 우리를 위로하사 우리로 하여금 하나님께 받는 위로로써 모든 환난 중에 있는 자들을 능히 위로하게 하시는 이시로다"_고린도후서 1:4

"그의 귀를 내게 기울이셨으므로 내가 평생에 기도하리로다"_시편 116:2

"주 여호와의 영이 내게 내리셨으니 이는 여호와께서 내게 기름을 부으사 가난한 자에게 아름다운 소식을 전하게 하려 하심이라 나를 보내사 마음이 상한 자를 고치며 포로된 자에게 자유를, 갇힌 자에게 놓임을 선포하며 여호와의 은혜의 해와 우리 하나님의 보복의 날을 선포하여 모든 슬픈 자를 위로하되 무릇 시온에서 슬퍼하는 자에게 화관을 주어 그 재를 대신하며 기쁨의 기름으로 그 슬픔을 대신하며 찬송의 옷으로 그 근심을 대신하시고 그들이 의의 나무 곧 여호와께서 심으신 그 영광을 나타낼 자라 일컬음을 받게 하려 하심이라"

이사야 61:1-3

Chapter 3

상한 마음 *BROKEN HEART*
삶에 통증을 주는 마음의 흠집

BROKEN HEART

당신은 누구에게도 이야기할 수 없는 상한 마음^{broken} heart으로 고통을 받고 있습니까?

보건복지부에서 발표한 자료에 의하면 우리나라 성인 열 명 중 두세 명이 마음의 병을 앓고 있다고 합니다. 우리나라 만 18세 이상 성인 중 368만 명10.2%이 매년 우울증, 강박증, 공황장애 같은 정신질환 진단을 받는다고 합니다. 『힐링, 마음 백신』에서 다루고 있는 주제들인 스트레스, 슬럼프, 상한 마음, 외로움, 분노, 불안, 약점, 열등감, 죄책감과 같은 것들도 마음의 흠집을 통해 나타나는 결과들입니다. 치유되지 않은 마음의 상처와 상한 감정은 당신 삶에 이러한 여러 부정적인 모습으로 나타납니다.

마음의 상처가 난 사람들

히틀러가 유대인을 학살한 것에 대해서 여러 가지 설이 있습니다. 자신의 재능을 인정하지 않은 유대인 스승 때문이라는 설도 있고, 어머니가 주치의인 유대인 의사와 불륜관계를 갖는 장면을 목격했기 때문이라는 설도 있습니다. 또한 유대인이 독일 경제를 장악하고 있어 증오했다는 설도 있습니다. 하지만, 그의 유대인에 대한 증오는 결국 치유 받지 못한 마음의 상처 때문이었고 그로 인해 유대인 6백만 명이 학살되었습니다. 히틀러의 치유 받지 못한 마음의 상처는 인류를 전쟁으로 몰아갔고 수많은 무고한 사람을 죽음으로 이끌고 갔습니다. 히틀러의 사례를 통해 알 수 있듯이 치유되지 않은 마음의 상처는 자신뿐만 아니라 많은 사람의 삶에 치명적인 결과를 가져올 수 있습니다.

　지금 이 시대를 사는 모든 사람은 마음 한구석에 남모를 상처 하나쯤은 간직한 채 살아가고 있지 않나 생각해 봅니다. 겉으로 보기에는 행복해 보이고, 부족함이 없어 보이는 사람도 속에는 치유되지 못한 마음의 상처가 있을 것입니다. 어렸을 때는 부모로부터, 학창 시절에는 학우와 친구들로부터, 사회생활을 하면서부터는 사회관계 속에서 만나는 수많은 사람으로부터 상처를 주고받으며 살기 때문입니다.

　이런 이야기를 들었습니다. 직장에 다니는 30대 후반의 평범한 청년이었는데 그는 어린 시절 부모님의 싸움이 끊일 날이 없었다고 합니다. 술을 좋아하셨던 아버지는 술을 마시고 집에 오면 물건을 부수었고, 악에 받친 어머니와 욕설을 주고받으며 몸싸움도 심하게 했다고 합니다. 그런 날이면 동생과 함께 불을 끄고 방문을 잠근 후 불안에 떨었다고 합니다. 그는 독립하여 직장생활을 하는 요즘도 아침에 눈을 뜨면 괜히 가슴이 두근거리고 불안하다고 합니다. 무엇보다 괴로운 것은 결혼 생활에 대한 자신감이 없다는 사실입니다. 남들은 좋은 여자를 만나 잘만 사는 것 같은데 자신은 어떤 여자를 만나도 '우리 부모님처럼 되는 게 아닐까?' 하는 불안감이 생긴다고 합니다. 어릴 때 마음의 상처를 심각하게 입었기 때문에 30대 후반 성인이 되었는데도 치유되지 못한 마음의 상처가 그의 인생을 발목 잡고 있는 것입니다.

지금 당신에게는 어떤 마음의 상처가 있습니까? 간절히 소원하기는 예수 그리스도의 보혈의 능력으로, 십자가의 능력으로, 성령님의 도우심으로 상한 마음이 치유되고 마음의 쓴 뿌리들이 제거되기를 바랍니다. 주변을 보면 예수 믿으면서도 여전히 치유되지 않은 마음의 쓴 뿌리를 가진 사람이 많습니다. 이러한 마음의 쓴 뿌리를 가지고 있으면 마음이 꼬여 있게 됩니다. 가시 돋친 말을 잘하기 때문에 남들과 자주 다투고 관계가 틀어집니다. 밝은 면보다는 늘 어두운 면을 봅니다. 타인과 함께하는 사회생활이나 교회생활에 대해 늘 부정적이고 반감을 품고 있습니다. 이러한 반감이 바로 마음의 상처가 치유되지 않은 사람들의 공통점입니다. 이러한 가시들은 성격, 인간관계, 직장생활, 건강상에 문제를 가져오게 되고 나아가 관계를 맺고 있는 사람들에게 상처를 주게 됩니다. 결국 자신이 속한 공동체에 악영향을 끼침으로 고립되고 더욱더 힘든 삶을 살아가게 되는 것입니다. 그래서 상한 마음은 꼭 치유해야 합니다.

그렇다면 당신에게도 있는 상한 마음, 마음의 쓴 뿌리는 어떻게 치유할 수 있을까요?

01. 예수님만이 완벽한 치료자

몸이 상처를 입으면 누구를 찾아갑니까? 의사를 찾아가야 합니다. 그렇다면 마음이 상처를 입으면 누구를 찾아가야 할까요? 영혼의 의사이자 치유의 근원 되시는 예수님께 나아가야 합니다. 마음의 상처는 세상의 방법으로 치료할 수 없습니다. 약이나 프로그램, 개인의 노력은 일시적이고 표면적인 치료에 불과합니다. 근본적인 치유가 이루어지지 않습니다. 예수님만이 완벽한 치료자입니다.

성경에 보면 믿음 안에서 마음의 상처를 치유 받아 위대한 사람이 된 사례가 많이 있습니다. 다윗의 경우 사울 왕의 시기와 질투로 수없이 생사를 넘나들었습니다. 골리앗을 이기고 나라를 구한 것밖에 없는데 그는 도망자가 되어 쫓겨 다니게 됩니다. 그가 사울 왕으로부터 받은 마음의 상처는 컸을 것입니다. 또한 왕이 된 후에는 아들 압살롬의 반역으로 인해 왕궁에서 쫓겨나게 되고 한순간에 모든 것을 잃어버리게 됩니다. 아들에게 받은 마음의 상처 또한 상당히 컸을 것입니다. 그러나 시편 고백을 보면 다윗은 이렇게 마음이 아프고 힘들 때 늘 하나님 앞에 있었습니다. 목이 터질 정도로 하나님께 부르짖었고 눈이 빠질 정도로 하나님만 바라봅니다.

"내가 부르짖음으로 피곤하여 나의 목이 마르며 나의 하

나님을 바라서 나의 눈이 쇠하였나이다"_시편 69:3

다윗은 하나님 안에서 자신의 모든 상처를 치유 받고 다시 일어서게 됩니다. 만약 그가 상한 마음을 치유 받지 못했다면 위대한 성군이 될 수 없었을 것입니다.

바울Paul은 스데반이 순교할 때 살인을 방조한 사람입니다. 교회를 멸하려고 했고, 그리스도인들을 잡아 감옥에 가두었습니다. 예수님을 믿는 자들을 향한 체포영장을 발부받아 다메섹으로 향하던 그는 부활하신 예수님의 음성을 듣고 쓰러집니다.

바울이 예수님의 음성을 들었을 때 그에게는 죄책감과 수치심이 상당히 컸을 것입니다. 예수님의 메시야 되심을 비난했던 자신의 모습, 교회와 그리스도인들을 괴롭히고 죽였던 자신의 행동에 대한 마음의 상처가 컸을 것입니다. 그러나 바울은 아나니아의 안수기도를 통해 성령이 충만해졌고 눈에서 비늘 같은 것이 벗겨지면서 상한 마음을 치유 받게 됩니다.

"즉시 사울의 눈에서 비늘 같은 것이 벗어져 다시 보게 된지라 일어나 세례를 받고 음식을 먹으매 강건하여지니라 사울이 다메섹에 있는 제자들과 함께 며칠 있을새"_사도행전 9:18-19

베드로는 예수님을 모른다고 세 번이나 부인한 사람입니다. 그러나 그는 십자가를 지신 예수님을 인격적으로 만나고 나서 상한 마음을 치유 받게 됩니다. 이후 초대교회의 지도자가 되고 교회와 복음의 역사에 큰 영향력을 나타내게 됩니다.

구약의 요셉은 한 아버지에, 어머니가 네 명인 콩가루 집안에서 자랍니다. 열 명의 형제들에게 왕따를 당합니다. 그것도 모자라서 형들에게 인신매매를 당하고 노예로 팔려 갑니다. 그러나 그는 늘 자신과 함께하시는 하나님의 손길을 통해 마음의 상처를 치유 받게 됩니다. 그리고 애굽의 이인자二人者가 됩니다.

그렇습니다. 어떤 종류의 상처이든지 하나님을 만나면

해결 받고 치유 받고 자유함을 얻었습니다. 그리고 예수 그리스도는 당신의 어떤 문제든지 해결하시고 해답을 주시고 회복을 주실 수 있는 구세주입니다. 성령님은 상처 입은 당신의 마음을 어루만지시고 위로하시고 새롭게 하십니다.

이사야 61장 1절에서 3절은 예수 그리스도가 이 땅에 오실 것을 예언한 말씀입니다. 그런데 그 예수님은 당신의 상처를 치유하시기 위해 이 땅에 오셨다고 말씀합니다. 1절에 "마음이 상한 자를 고치며", 2절에 "슬픈 자를 위로하되", 3절에 "찬송의 옷으로 그 근심을 대신하시고"라고 말씀합니다. 한마디로 기쁨이 없는 상한 마음을 치유하시고, 슬픔이 가득한 마음에 위로를 주시며, 마음속 근심의 검은 구름을 걷어 내기 위해서 예수님이 오셨다는 것입니다.

하나님은 당신의 상한 마음을 치유하시고 위로하기 원하십니다.

"오라 우리가 여호와께로 돌아가자 여호와께서 우리를 찢으셨으나 도로 낫게 하실 것이요 우리를 치셨으나 싸매어 주실 것임이라"_호세아 6:1

예수님을 당신의 구주, 당신의 하나님으로 영접하고 믿으면 마음의 질병은 치유됩니다.

"너희를 영접하는 자는 나를 영접하는 것이요 나를 영접하는 자는 나를 보내신 이를 영접하는 것이니라"_마태복음 10:40

하나님을 마음에 두기 싫어하기에 마음이 부패하고 병드는 것입니다. 예수님을 영접하지 않으니까 사탄이 당신의 마음을 휘어잡고 욕심과 세상 풍속을 따라 살게 하는 것입니다. 지금 당신이 마음의 상처를 깨끗이 치유 받기를 원한다면 반드시 성삼위 하나님이 당신의 치료자가 되심을 믿고 그분을 마음의 주인으로 모셔야 합니다. 그럴 때 그분은 당신의 마음을 고쳐주십니다.

02. 기도가 치료약이다

　마음의 상처를 치유하는 가장 강력한 치료제는 기도입니다. 기도는 신비한 치유의 능력이 있습니다. 육체적, 정신적, 영적인 문제를 해결하고 치유합니다. 특히 마음의 쓴 뿌리를 깨끗이 제거합니다. 그래서 성경은 이렇게 말씀하고 있습니다.

　"여호와는 마음이 상한 자를 가까이 하시고 충심으로 통회하는 자를 구원하시는도다"_시편 34:18

　"하나님께서 구하시는 제사는 상한 심령이라 하나님이여 상하고 통회하는 마음을 주께서 멸시하지 아니하시리이다"_시편 51:17

　통회한다는 것은 '울부짖는다cry out'라는 말입니다. 자신의 상처와 쓴 뿌리, 약함을 하나님께 토설한다는 영적 의미를 담고 있습니다. 그렇습니다. 당신이 가지고 있는 마음의 상처와 아픔을 다른 사람에게 토로하는 것에는 한계가 있습니다. 잘못 이야기했다가는 오히려 더 큰 상처를 받을 수도 있습니다.

성경은 당신의 상한 마음을 하나님께 통회하라고 말씀하고 있습니다. 하나님 앞에 당신의 상처와 아픔, 고통의 쓴 뿌리를 가지고 와서 토설할 때 하나님께서 어루만지시고 치유하신다고 말씀하고 있습니다. 이렇게 하나님께 통회하고 토설하는 것이 바로 기도입니다.

기도할 때 스트레스로 인한 고단한 삶의 무게가 가벼워집니다. 기도할 때 슬럼프의 수렁에서 벗어날 지혜와 힘을 주십니다. 기도할 때 외로움의 감옥은 기쁨의 에덴 동산이 됩니다. 기도할 때 분노는 눈 녹듯이 사라집니다. 기도할 때 불안의 사슬은 끊어집니다. 기도할 때 약점은 자랑이 됩니다. 기도할 때 열등감은 성장과 축복의 도구가 됩니다. 기도할 때 죄책감에서 자유함을 얻게 됩니다. 이렇게 기도는 당신 마음의 모든 불순물을 정화하고 새로운 삶으로 이끌어 줍니다.

이제 삶의 어떠한 문제든지, 어떠한 상처와 아픔이든지 기도로 하나님께 토설하고 통회하기 바랍니다. 여호와 라파 치료의 하나님께서 해결하시고 위로하시고 치료하십니다. 많은 사람이 자신의 속상함과 마음의 상처를 치료해 보려고 술과 마약, 사치와 향락, 심리치료나 취미 등과 같은 온갖 인간적인 방법을 다 동원해 봅니다. 그러나 중요한 것은 이러한 인간적인 방법으로는 절대 당신의 상한 감정, 마음의 쓴 뿌리가 온전히 치료되지 않습니다. 오히려 심각해져서 더 큰 어려움을 겪게 될 수 있습니다.

예수님은 당신의 친구가 되십니다. 당신보다 당신을 더 잘 아시며 당신의 아픔과 마음의 상처, 깊숙이 숨어 있는 쓴 뿌리까지도 다 헤아리시는 분입니다. 나아가 작은 신음에도 응답하시는 진정한 상담자요 위로자입니다. 바로 기도는 이러한 치료자 되시는 예수님과 대화를 하는 것입니다. 이제 마음이 무겁고 힘들 때, 마음의 상처와 쓴 뿌리로 고통스러울 때 담대히 주님께 나아가 통회하고 자복하며 당신의 모든 것을 토설하십시오. 그럴 때 주

님께서는 당신의 상한 마음을 반드시 치유하시고 자유와
해방, 기쁨을 허락해 주실 것입니다.

03. 상처 입은 치유자가 되라

질문해 보겠습니다. 선물을 받을 때가 기쁠까요? 선물
을 줄 때가 기쁠까요? 사랑을 받을 때가 행복할까요? 사
랑을 줄 때가 행복할까요? 위로를 받을 때가 좋을까요?
아니면 위로를 할 때가 좋을까요? 용서를 받을 때가 행복
할까요? 용서할 때가 행복할까요? 답은 모두 후자입니다.

그런데 마음에 상처와 아픔을 가지고 있는 많은 사람
은 사랑을 받고 위로를 받고 용서를 받을 때 자신의 상
한 마음들이 치유되고 더 나아질 것으로 생각합니다. 물
론 그것도 어느 정도 효과가 있습니다. 그러나 진정한 치
유의 시작은 상처 입은 당신이 사랑하는 자가 되고 다른
사람의 위로자가 되고 용서하는 사람이 될 때 일어난다

는 사실을 알아야 합니다.

 받아서 치료받는 것을 '소극적 치료'라고 합니다. 그러나 주어서 치료받는 것을 '적극적 치료'라고 합니다. 다른 사람에게 쏟아부을 때 나의 상처가 치유된다는 것입니다. 이것을 의학적으로 '마더 테레사 효과The Mother Teresa Effect' 또는 '슈바이처 효과The Schweitzer Effect'라고 합니다. 즉 남을 도와주고 섬겨주고 위로할 때 자연치유 능력이 생긴다는 것입니다.

 실제로 미국 케이스웨스턴리저브 의과대학 마리아 파가노Maria E. Pagano 박사 연구팀에서 조사한 바로는 알코올 중독자가 치료될 확률 22%라고 합니다. 그런데 그 알코올 중독자가 봉사활동을 병행했을 때 치료 확률은 40%로 높아진다고 합니다. 또한 미국 미시간대학 연구팀에서 발표한 바로는 남을 위해 베푸는 사람은 그렇지 않은 사람보다 오래 살 확률 두 배가 높다고 합니다. 그래서 성경은 우리에게 이렇게 권면합니다.

"그러므로 이러한 말로 서로 위로하라"_데살로니가전서 4:18

"서로 돌아보아 사랑과 선행을 격려하며"_히브리서 10:24

　지금 이 시대는 개인주의, 나 중심의 시대입니다. 위로와 돌봄, 섬김과 사랑보다는 경쟁과 공격, 비난과 비판이 난무하는 시대입니다. 그래서 서로에게 상처를 주고 그 상처로 인해 냉정한 사회가 되어 가는 것 같습니다. 그러나 당신이 알아야 할 것이 있습니다. 당신의 마음이 건강하고 행복하기 위해서 다른 사람들을 더 사랑하고 용납해야 합니다. 가정에 아픔이 있다면, 그리고 가족들에게 서로 상처가 있다면 먼저 사랑할 것을 결단하십시오. 직장 동료들과의 관계에서 상처가 있다면 먼저 위로자가 될 것을 결단하십시오. 교회 안에서 누군가와 상처를 주고받았다면 먼저 손 내미는 사람이 되십시오. 왜냐하면 이 것이 바로 당신 안에 있는 상한 마음과 쓴 뿌리를 치유 받을 수 있는 적극적인 방법이기 때문입니다.

『위장된 분노의 치유』라는 책을 쓴 최현주 목사님은 자신이 아내를 상습적으로 폭행했다고 합니다. 최 목사님의 아내는 남편의 폭행을 경험하며 남편이 너무나 나쁜 사람이라는 생각을 하며 살아왔답니다. 그런데 어느 날 남편이 살아온 이야기를 듣고는 알코올 중독자의 가정에서 자란 남편에게 아픈 상처가 많이 있다는 걸 알게 되었다고 합니다. 그 후 역기능 가정에서 자란 남편을 이해하게 되었고, 남편을 이해하니 그를 바라보는 관점이 변했다고 합니다. 남편은 자신을 괴롭히는 가해자가 아니라, 남편 역시 피해자라는 생각을 하게 된 것입니다. 그 후 아내의 마음이 치유되기 시작했습니다. 남편을 가해자라고 생각하며 미워하기만 했는데 참으로 불쌍한 사람이라고 생각하게 되면서 남편을 더욱 사랑해 주었답니다. 그러자 남편인 목사님의 닫힌 마음이 열리기 시작했고 마음이 치유되기 시작했습니다. 그와 함께 아내의 마음의 생채기도 아물기 시작했다고 합니다.

하나님께서는 자녀 된 당신이 상처 입은 치유자로 살아가기를 원하십니다. 이 땅의 삶 속에서 당신도 마음의 상처를 입고 살아가지만, 당신이 다른 사람들을 치유하는 치유자로 살아갈 때 당신 마음의 상처가 치료되고 상한 마음이 회복된다는 믿음의 원리를 가르쳐 주고 있습니다.

기억하십시오. 당신은 고슴도치의 세상에서 살고 있습니다. 사랑한다고 하면서 서로 상처를 주고받고 있습니다. 그 상처가 제때 치유되지 않아 개인이 무너지고, 가정이 무너지고, 공동체가 어려움을 겪습니다. 이제부터 마음에 상처가 확인되면 곧바로 예수님 앞으로 나아오십시오. 예수님은 당신의 가장 완벽한 치료자입니다. 그리고 기도하십시오. 기도할 때 상한 마음은 깨끗이 치료됩니다. 기도는 마음의 상처를 치료하는 유일한 치료제입니다. 이제는 상처 입은 다른 사람들을 위로하고 사랑하고 섬기십시오. 그럴 때 당신의 상한 마음도 치료됩니다.

상한 마음 힐링 백신

BROKEN HEART VACCINE

01. 예수님만이 완벽한 치료자

예수님은 마음의 의사이다. 그리고 완벽한 치료자이다. 마음이 상할 때 예수님께 나아오라. 그분이 고치신다.

02. 기도가 치료약이다

기도는 신비한 치유의 능력이 있다. 마음의 흠집을 완벽하게 제거한다. 그리고 당신 삶에 새 살이 돋게 한다.

03. 상처 입은 치유자가 되라

상처 입은 누군가에게 먼저 손을 내밀라. 그리고 그를 사랑하라. 그럴 때 당신 마음의 쓴 뿌리들은 깨끗이 제거된다.

상한 마음 말씀 처방전

BROKEN HEART GOOD NEWS

당신 삶에 통증을 주는 상한 마음을 치료하기 위한 말씀 처방전.

: 그리스도 예수 안에서 마음의 스크래치를 깨끗이 복원하기.

"그런즉 누구든지 그리스도 안에 있으면 새로운 피조물이라 이전 것은 지나갔으니 보라 새 것이 되었도다"_고린도후서 5:17

"하나님이여 주는 나의 하나님이시라 내가 간절히 주를 찾되 물이 없어 마르고 황폐한 땅에서 내 영혼이 주를 갈망하며 내 육체가 주를 앙모하나이다"_시편 63:1

STRESS
SLUMP
BROKEN HEART
LONELINESS
ANGER
ANXIETY
WEAKNESS
INFERIORITY
GUILT

Part 2

무너진 마음으로 힘들어하는
당신을 위한 처방전

"내가 처음 변명할 때에 나와 함께 한 자가 하나도 없고 다 나를 버렸으나 그들에게 허물을 돌리지 않기를 원하노라 주께서 내 곁에 서서 나에게 힘을 주심은 나로 말미암아 선포된 말씀이 온전히 전파되어 모든 이방인이 듣게 하려 하심이니 내가 사자의 입에서 건짐을 받았느니라 주께서 나를 모든 악한 일에서 건져내시고 또 그의 천국에 들어가도록 구원하시리니 그에게 영광이 세세무궁토록 있을지어다 아멘"

디모데후서 4:16-18

Chapter 4

외로움 *LONELINESS*
사람이 느끼는 가장 슬픈 감정

LONELINESS

당신은 지금 혼자라는 외로움loneliness으로 슬픔에 잠겨 있지는 않나요? 당신은 언제 가장 외롭다고 느끼나요?

코로나19 팬데믹pandemic이 가져온 아픔 가운데 하나는 외로움입니다. 코로나19 신조어 가운데 '거리두기untact, 언택트'라는 단어만큼 무서운 말이 있을까 생각해 봅니다. 사람과 사람 사이를 단절하고 고립시킨다는 것은 인간이 누릴 수 있는 최소한의 행복과 기쁨을 빼앗기는 것을 의미합니다. 코로나19 바이러스는 이렇게 당신의 건강과 생명뿐만 아니라 소소한 행복마저도 빼앗아 가 버렸습니다.

가뜩이나 고독하고 외로운 시대를 더 삭막하게 만들어 버렸습니다. 지금 우리는 모두 역사적으로 그 어느 때보다 외로운 시대를 살아가고 있는지 모릅니다.

외로움은 더 커져만 간다

최근 등장한 이색 아르바이트 중 하나로 모닝콜 아르바이트가 있다고 합니다. 일반적으로 모닝콜은 휴대폰 알람이나 시계 알람을 사용하지만, 모닝콜 아르바이트를 신청하면 자신이 원하는 시간에 사람이 직접 전화해서 깨운다고 합니다. 한 건당 월 3~5만 원정도 된다고 하니 몇 명만 해도 부수입으로 꽤 괜찮은 아르바이트라고 합니다. 대부분 혼자 사는 사람들이 이용하는데 그 이유는 '외롭다, 사람이 그립다'라는 것입니다. 하루의 시작을 기계음이 아닌 사람의 목소리를 듣고 시작하고 싶다는 것입니다. 어쩌면 점점 더 외로운 시대가 되어 가고 있다는 방증傍證이 아닐까요?

그렇습니다. 앞으로 우리 사회는 점점 더 외로움으로 고통받는 사람이 늘어날 것입니다. 주변에 사람은 더 많아지고 삶은 더 풍요로워지는데 이전보다 더 많은 사람이 외로움을 호소하게 될 것입니다. 사회학자인 데이비드 리즈먼David Riesman이 그의 책『고독한 군중』에서 이야기한 것처럼 앞으로는 더 많은 '군중 속의 고독'을 느끼는 시대가 될 것입니다.

사회학자나 심리학자들은 외로움에 대해 이런 말을 합니다. 첫째로 외로움은 사람의 숫자와 상관이 없다는 것입니다. 요즈음 SNS카카오톡, 페이스북, 인스타그램를 통해 모르는 사람과도 수백 명씩 친구를 맺고 서로 소통합니다. 그러나 실제의 삶은 더욱더 외롭고 고독해져만 갑니다.

둘째로 외로움은 돈과도 상관없다는 것입니다. 돈이 많아서 할 수 있는 게 많다고 외롭지 않을까요? 그렇지 않습니다. 오히려 돈 많은 사람, 백만장자들이 더 외롭다고 합니다.

셋째로 외로움은 쾌락과 향락과도 상관없다고 합니다. 술과 마약, 향락과 음란의 방법으로 외로움을 달랠 수 있을까요? 아닙니다. 그럴수록 외로움은 더 커져만 간다고 합니다.

외로움은 신앙의 관점에서 보아야 한다

그렇다면 당신은 어떻게 외로움을 극복해 나갈 수 있을까요? 인생을 외롭지 않게 살 수 있는 방법은 없을까요? 물론 방법은 있습니다. 그러나 당신이 알아야 할 것은 세상적인 방법으로는 절대 외로움을 해결할 수 없다는 것입니다. 세상의 향락, 쾌락, 물질, 명예, 취미, 친구 등 이미 이런 것의 홍수 속에 살고 있지만 당신은 더 외로움을 느끼며 살고 있기 때문입니다. 외로움을 해결하는 세상적인 충고들은 '사람을 만나라, 결혼하라, 여행을 떠나라, 독서를 하라, 쇼핑하라, 일에 미쳐라, SNS를 하라'고 말합니다. 물론 기분 전환은 되겠지만 대부분 일시적인 방법에 불과합니다. 다시 말하면 세상적인 방법으로는 외로움과 고독이 해결되지 않는다는 것입니다.

외로움을 믿음의 관점에서 바라봐야 합니다. 사람은 영적인 존재이기 때문에 영적인 문제가 풀리지 않는 한 절대 외로움의 문제를 해결할 수 없습니다. 사람은 하나님으로부터 왔습니다. 따라서 하나님을 인격적으로 만나지 않으면 절대 외로움에서 자유로울 수 없는 것입니다. 사람에게 있어서 하나님의 빈자리는 세상 그 무엇으로도 채울 수 없기 때문입니다. 예를 들어 아이에게 엄마의 빈자리를 그 무엇으로 채울 수 있을까요? 없습니다. 세상의 모든 것을 다 주어도 아이는 엄마가 없으면 외로운 것과 같습니다.

외로움에 빠진 노老 사도

디모데후서 4장에 보면 노년에 외로움에 빠진 한 사람

을 만나게 됩니다. 바로 사도 바울입니다. 사도 바울의 모습 속에서 인간적인 외로움이 진하게 느껴집니다. 하나님과 한평생을 동행한 신앙의 거목이었지만 그의 노년은 고독하고 외롭기 그지없어 보입니다. 디모데후서를 기록할 당시, 사도 바울은 로마 감옥에 갇혀 있었습니다. 그리고 노 사도는 자신의 영적 아들인 디모데에게 편지를 쓰고 있습니다. 그렇다면 사도 바울을 외롭게 했던 요소들은 무엇이었을까요? 왜 사도 바울은 극심한 외로움에 휩싸여 있었을까요? 중요한 것은 사도 바울을 외롭게 했던 요소들은 지금도 똑같이 당신을 외로움에 빠뜨린다는 것입니다. 그렇다면 외로움의 요소들은 무엇일까요?

첫째, 거절refusal입니다. 가까운 사람들로부터 버림받는 것을 말합니다. 믿었던 사람, 의지했던 사람들로부터 버림을 당해 봤나요? 버림받았을 때의 상처와 외로움의 충격은 이루 말할 수 없습니다. 특히 당신을 버리고 배신한 사람이 당신과 가까운 가족이나 형제들이라면 외로움은 더욱 클 것입니다.

디모데후서 4장에서 사도 바울은 데마는 세상을 사랑하여 떠났고 그레스게와 사랑하는 아들처럼 생각했던 디도마저 자신을 버리고 떠났다고 말하고 있습니다. 지금 사도 바울이 어디에 있습니까? 감옥입니다. 사도 바울이 가장 어려울 때입니다. 그러나 이렇게 어려울 때 그의 곁에서 그를 지키고 있는 동역자는 없습니다.

"데마는 이 세상을 사랑하여 나를 버리고 데살로니가로 갔고 그레스게는 갈라디아로, 디도는 달마디아로 갔고"_디모데후서 4:10

세상 사람들의 경우, 힘 있을 때는 주변에 사람이 많이 있습니다. 그러나 힘이 없으면 다 떠나고 맙니다. 그러나 당신은 조금 달라야 합니다. 어떤 상황에도 힘이 되어주고 함께 해 주는 사람이 되어야 합니다.

둘째, 반대opposition입니다. 어려운 상황에서 공격과 반대, 괴롭힘을 당하는 것입니다. 사도 바울은 구리 세공을 하는 알렉산더가 자신에게 많은 해를 끼쳤다고 말합니다. 주석가들은 사도 바울이 두 번째 체포되는데 밀고자역할을 했던 사람이 알렉산더였다고 말합니다. 자신이 그렇게 믿었던 사람, 자신이 그렇게 신뢰했던 사람이 자신을 감옥에 넣었다는 사실이 얼마나 힘들었겠습니까?

"구리 세공업자 알렉산더가 내게 해를 많이 입혔으매 주께서 그 행한 대로 그에게 갚으시리니 너도 그를 주의하라 그가 우리 말을 심히 대적하였느니라"_디모데후서 4:14-15

당신은 자기 마음에 안 맞는다고, 당신을 조금 속상하게 했다고 관계가 틀어지고 말도 안 하는 원수로 지내는 일이 없어야 합니다. 외로운 세상에서 서로에게 축복의 통로가 되어야 합니다. 서로에게 해를 끼치는 사람이 아니라 도움이 되는 복된 관계가 되어야 합니다.

셋째, 분리separate입니다. 어려움에 처했을 때 그 누구로부터도 도움을 받지 못하는 것입니다. 사도 바울은 자신이 재판받을 때 변호해 주거나 위로해 주는 사람이 한 명도 없었다고 말하고 있습니다. 사도 바울이 능력의 사도로 활동할 때는 너도나도 협력자가 되었습니다. 하지만, 감옥에 있는 지금 그를 돕는 사람은 아무도 없었습니다.

"내가 처음 변명할 때에 나와 함께 한 자가 하나도 없고 다 나를 버렸으나 그들에게 허물을 돌리지 않기를 원하노라"_디모데후서 4:16

누군가 어려울 때 힘이 되어 주십시오. 가족들끼리, 형제들끼리, 교회 안에서 성도들끼리, 목회자와 성도의 관계에서 어려운 사람이 있다면 서로 도와주고 힘이 되어 주기를 바랍니다. 이것이 바로 외로운 세상에서 외로움을 이겨 낼 수 있는 비밀 병기입니다.

이렇게 가까운 사람들로부터 버림받는 것이나 어려운 상황에서 도와주기는커녕 자신을 더 힘들게 하는 사람을 만나는 것, 어려움에 부닥쳤을 때 누구로부터도 도움을 받을 수 없는 일이 사도 바울에게만 일어날까요? 아닙니다. 당신도 인생을 살면서 얼마든지 이러한 거절, 반대, 분리와 같은 일들을 겪을 수 있습니다.

그렇다면 사도 바울은 이렇게 절대적 외로움의 상황을 어떻게 극복해 냈을까요? 그 방법이 외로운 시대를 사는 당신에게도 영적 처방전이 되기를 바랍니다.

01. 당신 곁에 계신 주님을 인정하라

외로운 그 순간, 모든 사람이 당신을 떠난 그때 여전히 당신 곁에 서서 함께하시는 주님을 인정해야 합니다. 하나님의 임재를 확신하라는 것입니다. 사도 바울은 자신이 사랑했던 사람들이 배신하고 떠났고, 지금은 누구의 도움도 받을 수 없는 감옥에서, 너무나도 외로운 상황에서 이렇게 고백합니다.

"주께서 내 곁에 서서 나에게 힘을 주심은 나로 말미암아 선포된 말씀이 온전히 전파되어 모든 이방인이 듣게 하려 하심이니 내가 사자의 입에서 건짐을 받았느니라"_디모데 후서 4:17

사도 바울은 지금 자신 곁에 아무도 없지만, 주님만은 자신 곁에서 위로하시고 힘을 주신다는 것을 확신하며 인정하고 있습니다. 이것이 바로 사도 바울이 극도의 외로움을 이겨 낼 수 있었던 비결이었습니다. 감옥을 천국으로 바꿀 수 있었던 비밀 병기였습니다.

사람은 때가 되면 다 떠납니다. 부모님도 떠나고 남편도 아내도 자식도 다 곁을 떠납니다. 그리고 주변 사람들은 언제든지 자신의 이익에 맞지 않으면 배신하고 떠날 수 있습니다. 그러나 기억하십시오. 하나님은 당신을 떠나지 않으십니다. 모든 사람이 당신 곁을 떠날 때도 하나님은 여전히 당신과 끝까지 함께하십니다. 예수님은 이렇게 말씀하십니다.

"내가 너희를 고아와 같이 버려두지 아니하고 너희에게로 오리라"_요한복음 14:18

"돈을 사랑하지 말고 있는 바를 족한 줄로 알라 그가 친히 말씀하시기를 내가 결코 너희를 버리지 아니하고 너희를 떠나지 아니하리라 하셨느니라"_히브리서 13:5

다윗은 시편 23편에서 이렇게 고백하고 인정합니다.

"내가 사망의 음침한 골짜기로 다닐지라도 해를 두려워하지 않을 것은 주께서 나와 함께 하심이라 주의 지팡이와 막대기가 나를 안위하시나이다"_시편 23:4

혹시 이 시간 당신만 홀로 남았다고 생각하며 외로워하고 있지는 않습니까? 아니면 가정에서 부모님도, 배우자도, 자식도 당신의 아픔과 고통을 몰라주는 거 같아 외로움을 느끼고 있지는 않습니까? 혹시 친구들이나 직장 동료들이 당신을 좋아하지 않는다는 생각이 들어 외롭다고 느끼고 있지는 않습니까? 당신은 신앙생활을 하면서 교회 안에서도 외롭고 고독하다고 느끼고 있습니까? 혼자라는 생각을 하고 있습니까?

당신은 확신하길 바랍니다. 생사화복生死禍福의 주관자, 전능하신 하나님이 당신 곁에 계십니다. 사도 바울과 함께하셨고, 다윗과 함께하셨고, 아브라함과 이삭과 야곱과 함께하셨던 하나님이 지금 당신과 함께하십니다.

당신의 삶이 눈물겹도록 외롭고 힘들어도, 당신의 삶의 여정이 아무리 고독하고 고통스러워도 당신을 응원하고 격려하고 함께하시는 하나님만 떠나지 않으시면 이 세상 두려울 것이 뭐가 있겠습니까?

오늘도 하나님께서는 외로운 이 세상을 사는 당신에게 세상 끝날까지 함께하겠다고 말씀하십니다.

"내가 너희에게 분부한 모든 것을 가르쳐 지키게 하라 볼지어다 내가 세상 끝날까지 너희와 항상 함께 있으리라 하시

니라"_마태복음 28:20

02. 외로움의 시간을 최대한 활용하라

당신은 외로움이라는 공간, 상황, 조건을 최대한 긍정적으로 잘 활용해야 합니다. 외로울 때, 즉 주변 사람들이 당신을 떠났을 때, 갈등으로 인해 관계가 단절되고 고립되었을 때 신세한탄身世恨歎을 하거나 비관하거나 분노하지 말고 그 상황을 창조적이고 좋은 쪽으로 잘 활용해야 합니다.

지금 사도 바울은 감옥에 있습니다. 모든 사람이 자신을 떠났고 고립된 상황에 있습니다. 이런 외로움의 처지에 있으면서 얼마든지 하나님을 원망하고 자신의 신세를 한탄하며 시간을 보낼 수도 있습니다. 30년 동안 주의 복음을 전한 결과가 이것이냐고 항변할 수도 있습니다. 그러나 사도 바울은 외로움의 상황을 최대한 활용합니다.

"네가 올 때에 내가 드로아 가보의 집에 둔 겉옷을 가지고 오고 또 책은 특별히 가죽 종이에 쓴 것을 가져오라"_디모데후서 4:13

사도 바울은 디모데에게 외투와 책을 가지고 오라고 말합니다. 외로움으로 가득찬 감옥에서 시간을 허비하지 않기로 작정합니다. 오히려 그동안 바빠서 하지 못했던 복음을 글로 써 내려갑니다. 당신이 잘 아는 것처럼 바울 서신의 대부분이 이렇게 감옥이라고 하는 외로운 상황에서 쓰여졌습니다. 어쩌면 사도 바울에게 있어 외로움은 위대한 복음을 탄생하게 했던 유익한 시간이었음을 알 수 있습니다.

이제 시간적으로, 상황적으로 외로움이라는 공간이 크게 생길 때 그 외로움의 공간을 불평과 원망, 분노, 신세한탄, 허송세월로 채우지 말고 하나님으로 채우기 바랍니다. 외로울 때일수록 허전하고 빈 마음을 말씀으로 채우고 기도로 채워 나가기 바랍니다. 그럴 때 외로움은 오

히려 든든함과 담대함으로, 나아가 당신의 인생에 성장
과 성숙을 주는 유익한 디딤돌이 될 것입니다.

03. 다른 사람의 필요에 공감하라

외로울 때 무엇을 공감하라는 말일까요? 다른 사람의
필요에 공감하라는 것입니다. 외로울 때일수록 당신 자신
에게만 초점을 맞추면 안 됩니다. 당신의 도움이 필요한
다른 사람에게 초점을 맞추어야 합니다. 외로운 상황에
놓여 있는 누군가를 위해 당신이 할 수 있는 일이 무엇인
지를 발견해야 합니다.

디모데후서 4장에 보면 사도 바울은 비록 감옥에 있었
지만 다른 사람들을 살피고 그들의 영혼을 위해 자신이
해야 할 일에 온 힘을 다하고 있습니다.

"주께서 내 곁에 서서 나에게 힘을 주심은 나로 말미암아

선포된 말씀이 온전히 전파되어 모든 이방인이 듣게 하려
하심이니 내가 사자의 입에서 건짐을 받았느니라"_디모데
후서 4:17

그렇습니다. 해야 할 일과 사명이 있는 사람은 절대 외
롭지 않습니다. 지금 사도 바울은 외롭고 고독한 상황이
었지만 아직도 자신이 해야 할 일, 이루어야 할 하나님의
사명이 있다고 확신하고 있습니다. 외로워 할래야 외로워
할 시간이 없다는 것입니다.

당신은 지금 외롭습니까? 홀로라고 생각합니까? 구르
는 돌에는 이끼가 낄 수 없습니다. 바쁜 사람, 자기 일에
몰두하는 사람에게는 외로움이라는 이끼가 낄 수 없는
것입니다. 바쁜 꿀벌에게는 슬퍼할 시간이 없습니다. 외
로움이 언제 옵니까? 무언가 성취한 후에, 자식들 다 출
가시키고 쉴만할 때, 삶의 여유가 생겼을 때 옵니다. 한마
디로 시간과 여유가 많은 사람이 외롭고 고독해 한다는
것입니다. 바꾸어 말하면 무엇인가 할 일이 있고 바쁘면

외롭지 않습니다.

그래서 나이가 들수록, 시간적 여유가 많을수록 부지런히 움직여야 합니다. 텃밭이라도 가꾸고 사람도 만나고 할 수만 있다면 사회적 활동도 해야 합니다. 특히 그리스도인인 당신의 경우 외로움을 이겨 낼 수 있는 영적 기회가 많이 있다는 것에 감사해야 합니다. 말씀과 기도 생활, 예배와 모임, 교제와 나눔 같은 영적 생활을 통해 외로움을 이겨 낼 수 있습니다. 이제부터 외로울 때 외부와 담을 쌓으며 더 고립되지 말고 당신이 해야 할 일을 통해 외부와 다리를 놓는 사람이 되길 바랍니다. 그럴 때 당신의 외로움은 치유될 수 있습니다.

『영혼을 위한 닭고기 수프』의 저자인 마크 빅터 한센Mark Victor Hansen은 자신의 책에서 의과대학 졸업식장에서 있었던 일화를 소개합니다. 졸업생 중에 엄청 나이가 많이 들어 보이는 할머니가 있었습니다. 저자는 궁금해서 물었습니다. "혹시 연세가 어떻게 되세요?" 할머니는 "일흔두 살입니다"라고 대답했습니다. "그렇게 많은 연세에 왜 이렇게 어려운 의학을 공부하셨습니까?"라고 묻자, 그녀는 이렇게 대답했습니다. "나의 전직은 수녀였습니다. 하지만 내가 있던 수녀원의 정년은 예순여섯 살이었고 그 나이가 되면 수녀원을 반드시 나와야 했습니다. 나는 나이가 들어 외롭게 죽고 싶지 않았습니다. 나의 마지막 인생의 목적은 남을 섬기는 것입니다. 그래서 늦게라도 의학 공부를 시작했고 이렇게 학업을 마치게 되었습니다." 그렇게 의과대학을 졸업한 그녀는 지금 하루에 150명 이상의 환자를 돌보고 있다고 합니다.

인생은 너무 짧습니다. 외로워하며 자기연민에 빠져 살기에는 당신의 인생이 너무 짧다는 말입니다. 당신에게 주어진 일, 하나님께서 맡기신 사명이 있음에 감사하고 열정을 가지고 성실하게 살아가길 바랍니다. 그럴 때 외로움은 남의 일이 될 것입니다.

미래 사회는 점점 더 외로움을 느끼는 시대가 될 것입니다. 모든 것을 가졌지만 더 외롭고 더 고독하고 더 쓸

쓸한 시대가 될 것입니다. 그리고 그 외로움의 주인공은 당신이 될 수도 있습니다. 그런데 외로움의 문제는 세상적인 처방전으로는 해결이 안 됩니다. 하나님의 관점으로, 하나님과의 관계 안에서만 해결이 됩니다.

이제 당신이 외로움에 빠지게 될 때 이렇게 하십시오. 당신 곁에 계신 주님을 인정하십시오. 외로움을 창조적으로 역이용하십시오. 외로울 때일수록 당신에게만 집중하지 말고 하나님의 영광을 위해, 다른 사람을 위해 당신이 할 수 있는 일에 집중하십시오. 그럴 때 외로움이라고 하는 가장 슬픈 감정에서 해방될 수 있습니다.

외로움 힐링 백신

LONELINESS VACCINE

01. 당신 곁에 계신 주님을 인정하라

사람은 때가 되면 다 떠난다. 그러나 주님은 당신을 떠나지 않으신다. 세상 끝날까지 항상 당신과 함께하신다.

02. 외로움의 시간을 최대한 활용하라

외로움이라는 감옥에 갇혔을 때 그 외로움의 공간과 시간을 원망과 불평으로 채우지 말고 당신의 미래를 위한 창조적인 시간으로 활용하라.

03. 다른 사람의 필요에 공감하라

외로운 상황에 놓여 있는 누군가를 위해 당신이 할 수 있는 일이 무엇인지 발견하라. 사명이 있고 해야 할 일이 있는 사람은 절대 외롭지 않다.

외로움 말씀 처방전

LONELINESS GOOD NEWS

외로움이라고 하는 가장 슬픈 감정에 빠진 당신을 위한 말씀 처방전.
  : 사도 바울의 모범 따라 하기.

"내가 너희를 고아와 같이 버려두지 아니하고 너희에게로 오리라"_요한복음 14:18

"내가 너희에게 분부한 모든 것을 가르쳐 지키게 하라 볼지어다 내가 세상 끝날까지 너희와 항상 함께 있으리라 하시니라"_마태복음 28:20

"분을 내어도 죄를 짓지 말며 해가 지도록 분을 품지 말고 마귀에게 틈을 주지 말라"

에베소서 4:26-27

Chapter 5

분노 ANGER
당신의 삶을 한순간에 파괴하는 무서운 감정

ANGER

당신은 주로 어떤 일에 분노anger 하는 편인가요? 당신의 마음속 분노화, 火를 어떻게 해결하나요?

이 세상을 살아가는 데 있어서 분노忿怒라는 감정에서 자유로운 사람은 아무도 없을 것입니다. 하루에도 몇 번씩 화가 치밀어 오르고 그 화를 참지 못하고 표현하는 경우가 많습니다. 물론 분노를 표현하지 못하고 참고 억누르는 사람도 있습니다. 그러나 속에 담아 두는 데에는 한계가 있습니다. 언젠가는 폭발하게 됩니다. 이러한 분노라는 감정에 있어서 당신도 예외는 아닙니다.

분노사회의 현주소

코로나19가 장기화가 되면서 나타난 후유증 가운데 하나가 바로 '코로나 레드Corona Red'입니다. 코로나 레드는 코로나19로 인해 쌓인 짜증, 무기력, 우울감이 폭발하여 분노로 나타나는 것을 말합니다. 그래서 사소한 일에도 분노를 표출하고 충동적으로 행동하게 된다는 것입니다. 한국언론진흥재단 온라인 조사 결과에 의하면 코로나19로 인해 짜증 또는 화와 분노 또는 혐오가 늘었다는 사람이 60.8%나 된다고 합니다. 이로 인해 묻지마 살인과 폭행, 충동적 범죄와 충동적 자살이 계속 증가하고 있다고 합니다.

정지우 작가가 쓴 『분노사회』라는 책에서 작가는 현대 사회를 한마디로 '분노사회忿怒社會, angry society'라고 말합니다. 현대인들은 무언가에 잔뜩 화가 나 있다고 말합니다. 화가 난 이유로는 신자유주의 경제 체제로 나타나는 이기적인 사회 구조, 그리고 집단주의와 같은 갑을 문화,

군대식 수직적 문화, 인맥 문화, 정답 사회와 같은 사회적 흐름 때문이라고 지적합니다.

흐름상 앞으로의 사회는 점점 더 분노사회로 치닫게 될 것입니다. 점점 더 감정 조절 능력을 잃어버리고 분노하고 폭발할 것입니다. 이를 통해 사회는 점점 더 비난과 증오, 대립과 갈등, 분노 범죄들이 증가할 수도 있습니다. 이것이 바로 현대사회에서의 분노의 현주소입니다.

이러한 분노사회에 사는 당신은 분노에 대해 어떤 관점을 가져야 할까요? 하루에 몇 번씩 분노가 치밀어 오르고 화가 나는 일이 생기는데 이럴 때 당신은 어떻게 해야 할까요? 무조건 참는 것이 옳을까요? 아니면 분노를 표출하고 화를 내는 것이 옳을까요? 분노가 일어나고 화가 나는 것이 무조건 마귀의 역사일까요?

나의 경우, 요즈음 부쩍 화내는 일이 많아진 느낌입니다. 가족들과 주변 사람들에게 예민하게 굴 때가 있습니다. 물론 코로나19로 인해 교회와 목회에 대한 고민이 많아진 탓도 있을 것입니다. 그래서인지 하루에도 몇 번씩 분노의 감정이 올라오기도 합니다. 이 모든 것이 단지 믿음이 없기 때문일까요? 당신의 경우 어떻습니까? 그리스도인이기에 화를 안 내나요? 자녀에게 화를 내거나 부부끼리 화를 참지 못하고 싸우지는 않나요? 때로는 직장에서, 여러 형태의 모임에서 분노를 표현한 적은 없나요? 당신이 그리스도인이기에 절대 화를 내서는 안 될까요? 무조건 참는 것이 믿음이 좋은 것일까요?

그렇다면 당신은 분노를 어떻게 이해해야 할까요? 가장 중요한 것은 세상의 이론이 아니라 성경적 관점에서 봐야 합니다. 과연 성경에서는 분노에 대해 뭐라고 말씀하고 있는지 알아야 합니다.

분노를 표현하는 것에 대한 성경적인 예

하나님은 분노에 대해 어떤 모습이셨을까요? 성경에 나

타난 하나님의 성품은 인자와 온유, 사랑의 하나님입니다. 이것은 우리가 일반적으로 잘 알고 있는 하나님의 성품입니다. 그러나 반대로 하나님은 분노하시는 분이기도 합니다.

"만일 하나님이 그의 진노를 보이시고 그의 능력을 알게 하고자 하사 멸하기로 준비된 진노의 그릇을 오래 참으심으로 관용하시고 또한 영광 받기로 예비하신 바 긍휼의 그릇에 대하여 그 영광의 풍성함을 알게 하고자 하셨을지라도 무슨 말을 하리요"_로마서 9:22-23

로마서 말씀에 의하면 하나님은 진노의 그릇과 긍휼의 그릇을 다 가지신 분입니다. 분노와 사랑이라는 성품을 둘 다 가지신 분이라는 것입니다. 예를 들면 구약성경에는 분노라는 히브리어가 455회 사용되는데 그중에 375회약 82%가 하나님의 분노에 사용되고 있습니다. 분노는 하나님의 성품이기도 하고 심판과 징계의 도구이기도 했던 것을 알 수 있습니다. 다시 말하면 하나님도 분노하고 화를 내셨습니다.

예수님은 분노에 대해 어떤 모습이셨을까요? 성경에 나타난 예수님의 성품은 사랑과 긍휼, 온유와 자비입니다. 약한 자를 위로하고 병든 자를 치유하시는 분입니다. 따뜻하고 너그러운 성품을 가지신 분입니다. 그러나 마가복음 3장을 보면 예수님은 안식일에 한편 손 마른 사람을 고쳐주시는 상황에서 이를 냉소하고 비웃으며 옳고 그름을 따지는 사람들에게 분노하십니다. 그리고 마태복음 21장에서는 예루살렘에 입성하신 후 성전에서 장사하는 사람들을 보고 분노하십니다. 마태복음 23장 또한 외식하는 바리새인들과 종교지도자들을 보고 매우 분노하신 것을 볼 수 있습니다. 한마디로 예수님도 때로는 분노하셨고 어떤 상황에서는 화를 내셨다는 것을 알 수 있습니다.

성경에 등장하는 위대한 신앙의 인물들은 분노에 대해 어떤 모습이었을까요? 성경에 나오는 왕들과 선지자들,

그리고 예수님의 제자들과 훌륭한 그리스도인의 경우 분노에서 자유로웠을까요? 그렇지 않습니다. 모세는 지면의 모든 사람보다 온유한 사람이었다고 말씀합니다.

"이 사람 모세는 온유함이 지면의 모든 사람보다 더하더라"_민수기 12:3

그러나 시내 산에서 십계명을 받아 내려왔을 때 금송아지를 만들어 놓고 우상숭배하고 있는 백성을 보며 격노激怒합니다. 그들의 머리 위에 십계명 두 돌판을 던져서 깨뜨립니다출 32장. 또한 물이 없어 불평하는 백성을 보며 분노했던 모세는 하나님의 지시를 어기고 반석을 두 번 친 일로 인해 결국 가나안 땅을 밟지 못하게 됩니다민 20장.

다윗은 하나님 마음에 맞는 사람이라는 소리를 들은 사람입니다.

"다윗을 왕으로 세우시고 증언하여 이르시되 내가 이새

의 아들 다윗을 만나니 내 마음에 맞는 사람이라 내 뜻을 다 이루리라 하시더니"_사도행전 13:22

그러나 그도 역시 분노를 참지 못해 400명의 군사를 이끌고 나발을 죽이러 나서기도 하고삼상 25장, 법궤를 다윗성으로 옮길 때 웃사의 뜻밖의 죽음에 극도의 분노를 표출하기도 합니다대상 13:11.

구약성경에 보면 대부분 선지자도 분노의 사람이었음을 알 수 있습니다. 그러나 선지자들의 경우 분노는 하나님의 계시를 전달하는 방법이기도 했습니다.

신약성경을 보면 사도 바울의 경우 바나바와 싸우기도 하고 아덴에서 전도할 때 우상이 가득한 것을 보고 격분하기도 합니다.

"바울이 아덴에서 그들을 기다리다가 그 성에 우상이 가득한 것을 보고 마음에 격분하여"_사도행전 17:16

그렇습니다. 하나님도, 예수님도, 선지자들도, 훌륭한 신앙의 인물들도 상황에 따라 분노를 표현했음을 알 수 있습니다.

분노에 대한 성경의 두 가지 관점

성경은 분노에 대해 중립적인 관점을 가지고 있다고 할 수 있습니다. 어떤 상황에서는 분노가 당연한 것으로 받아들여지고, 어떤 상황에서는 잘못된 것으로 말씀하고 있습니다.

첫째, 분노에 대한 부정적인 시각입니다. 분노는 잘못된 것이기에 버려야 하며, 잘못된 분노는 심판의 이유가 될 수도 있습니다.

"너희는 모든 악독과 노함과 분냄과 떠드는 것과 비방하는 것을 모든 악의와 함께 버리고"_에베소서 4:31

"분을 그치고 노를 버리며 불평하지 말라 오히려 악을 만들 뿐이라"_시편 37:8

"나는 너희에게 이르노니 형제에게 노하는 자마다 심판을 받게 되고 형제를 대하여 라가라 하는 자는 공회에 잡혀가게 되고 미련한 놈이라 하는 자는 지옥 불에 들어가게 되리라"_마태복음 5:22

둘째, 분노를 당연한 것으로 인정하는 시각입니다. 분노를 자연스러운 인간의 감정으로 인정합니다.

"너희는 떨며 범죄하지 말지어다 자리에 누워 심중에 말하고 잠잠할지어다 (셀라)"_시편 4:4 *떨며: 분내어

"분을 내어도 죄를 짓지 말며 해가 지도록 분을 품지 말고"_에베소서 4:26

성경에서는 분노하는 것을 어느 정도 인정하기도 하

지만, 어떤 상황에서는 분노하는 행동을 강력하게 버리라고 말씀하기도 합니다. 분노를 통해 심판을 받을 수도 있다고 엄중하게 경고하기도 합니다. 이렇듯 성경은 분노에 대해 중립적인 태도를 취하고 있다는 것을 알 수 있습니다.

분노에 대한 성경적 해답

그렇다면 이제 분노에 대해 이렇게 결론을 내려 볼 수 있습니다. 첫째로 분노라는 감정 자체는 죄가 아니라는 것입니다. 즉 분노는 긍정적인 것도 부정적인 것도 아니라 중립적입니다. 분노 자체를 '옳다 또는 그르다, 죄다 혹은 죄가 아니다'라고 단언해서는 안 됩니다. 분노는 하나님께서 모든 인간에게 주신 아주 자연스러운 감정입니다. 그래서 어떤 성경학자는 분노라는 감정은 나무 안에 배어있는 수분과도 같은 것, 즉 아주 자연스럽고 당연한 것이라고 말합니다.

둘째로 '그리스도인들은 절대 화를 내서는 안 된다. 무조건 참아야 한다'라는 것은 옳지 않습니다. 사람은 감정의 동물이기에 어떤 자극을 받으면 반응하는 것이 당연합니다. 희로애락喜怒哀樂은 하나님이 주신 선물이기 때문입니다. 분노라고 하는 감정도 마찬가지입니다. 당연히 당신도 예외는 아닙니다. 분노라는 감정 표현은 자연스러운 것입니다.

드와이트 L 칼슨Dwight L Carlson의 『분노와 상처 극복하기』라는 책에 보면 그리스도인의 분노에 대해 이렇게 말합니다.

"대부분의 그리스도인은 분노가 신앙적으로 죄이며 결코 옳은 것이 아니라고 생각한다. 따라서 화가 나는 상황에서도 애써 무시하거나 아무렇지도 않은 듯이 처신하려고 하는 경향을 보인다. 이것은 나중에 더 큰 폭발을 가져오거나 이중적인 그리스도인의 모습으로 나타난다."

그렇습니다. 사람의 감정은 자극을 받으면 반응하게 되

어 있습니다. 반응하지 않는 것이 비정상입니다. 슬픈 일을 보면 슬퍼지고, 기쁜 일을 보면 웃게 되는 것처럼 분노할 만한 일을 보거나 당했을 때 분노하는 것은 당연합니다. 따라서 분노는 인간의 자연스러운 감정 중의 하나입니다.

그렇다면 분노에 대해 이와 같은 성경적 결론을 내릴 수 있습니다. '모든 사람에게 분노는 지극히 자연스러운 감정인데 중요한 것은 그 분노를 어떻게 표출하고 사용하느냐에 있다'라고 말입니다. 건강한 분노는 개인의 존엄성과 주체성, 자존심을 보호해 주고 사회의 잘못된 부분을 바로 잡을 수 있습니다. 그러나 잘못된 분노나 왜곡된 분노는 그 인생을 파멸로 이끌 수 있으며 주변에도 악영향을 미치게 됩니다. 그러므로 당신은 화를 내어도 지혜롭게 내야 합니다. 성경에서도 이 부분을 지적하고 있습니다.

"분을 내어도 죄를 짓지 말며 해가 지도록 분을 품지 말고

마귀에게 틈을 주지 말라"_에베소서 4:26-27

즉 분노를 어떻게 다루느냐에 따라 죄가 될 수도 있고 마귀에게 이용을 당할 수도 있다는 것입니다. 그렇기 때문에 분노를 표현하는 방법이 중요합니다. 성경에 보면 자신의 이기심을 이기지 못한 가인의 분노는 살인으로 이어집니다. 질투와 미움의 화신이 되었던 사울의 분노는 자살로 이어집니다. 오해와 복수심에서 나온 압살롬의 분노는 파멸로 이어집니다.

잘못된 분노가 주는 피해

첫째, 신체적으로는 건강을 잃게 됩니다. 무엇보다도 분노를 품으면 먼저 건강을 잃게 됩니다. 특히 파괴적 분노는 불과 같아서 몸을 사르고 주위를 불사르게 됩니다. 에베소서 4장 26절 말씀에 "해가 지도록 분을 품지 말고"라고 했습니다. 분을 품고 자는 것은 독毒을 품고 자는 것과 같습니다.

　미국 하버드대학교의 헨리 루이스 게이츠 주니어Henry Louis Gates Jr교수의 실험에 의하면 한 시간 동안의 격렬한 분노는 30여 명의 사람을 죽일 수 있는 독소를 생산한다고 합니다. 독사의 경우는 자신의 몸속의 독을 몸 밖으로 배출하도록 구조가 되어 있지만, 인간이 스스로 생산한 독은 체내에 남아 여러 가지 증상을 일으키게 된다고 합니다.

　그래서 일반적으로 화를 잘 내는 사람은 수명이 짧습니다. 오래 사는 사람은 화를 잘 내지 않습니다. 그리고 화를 잘 내는 사람들은 피부가 쭈글쭈글해지고 검버섯이 생기며 피부 탄력을 잃는다고 합니다.
　분노의 지수가 높은 사람일수록 면역력 약화, 혈압, 동맥경화, 심장병, 위장병 등과 같은 질병을 유발하며 건강의 악화와 그로 인해 조기 사망으로 이어지게 된다고 합니다.

둘째, 대인 관계의 경쟁력을 떨어뜨립니다. 잘못된 분노는 대인 관계에 폭탄과도 같습니다. 그래서 어디에서든지 화를 잘 내는 사람은 기피 대상이 됩니다. 어디를 가도 환영받지 못하며 왕따를 당하게 됩니다. 그래서 화를 잘 내는 사람 곁에는 사람이 없습니다. 직장생활에서도 회피의 대상이 되며 가정에서도 자녀의 마음 문을 닫게 합니다. 어떤 모임에서도 환영받지 못합니다. 결국 분노를 조절하지 못하는 사람은 소외감과 외로움, 사회적 단절, 대인 관계의 단절이라는 대가를 치르게 됩니다.

셋째, 재정적인 손해를 봅니다. 분노의 힘은 재정적, 사회적 피해로 연결됩니다. 분노를 다스리지 못해 폭력을 행하면 그 대가는 고스란히 자신이 받습니다. 수습하기 위해 재정적인 손해를 보게 되고 지금까지 쌓아 온 사회적 명성과 지위에도 돌이킬 수 없는 손상을 입힙니다. 화가 난다고 주먹으로 벽을 치면 뼈가 골절이 되어 고생합니다. 부부싸움을 하다가 살림을 부수면 나중에 다시 장만하느라 고생합니다. 화가 난다고 밤새도록 술을 마시면 건강을 잃어버립니다. 분노를 참지 못하고 홧김에 차를 운전하면 사고를 내 거나 범칙금을 물게 됩니다.

분노는 이렇게 당신의 삶에 막대한 피해를 가져다줍니다. 그리고 행복한 삶, 풍성한 삶을 한순간에 파괴합니다. 따라서 당신이 거룩한 성도로 살아가는 데 있어서 잘 통제해야 할 감정 중 하나가 바로 분노입니다.

그렇다면 수시로 일어나는 분노의 감정을 당신은 어떻게 올바르게 사용할 수 있을까요?

01. 분노라는 감정에 휘둘리지 마라

살다 보면 어느 한순간에 분노가 치밀어 오를 수 있습니다. 그리고 화를 낼 수도 있습니다. 그러나 그 분노에 당신의 의식과 행동, 말이 지배를 당해서는 안 됩니다. 분노가 당신의 모든 것을 끌고 가게 해서는 안 됩니다.

"내 사랑하는 형제들아 너희가 알지니 사람마다 듣기는 속히 하고 말하기는 더디 하며 성내기도 더디 하라"_야고보서 1:19

"노하기를 더디하는 자는 용사보다 낫고 자기의 마음을 다스리는 자는 성을 빼앗는 자보다 나으니라"_잠언 16:32

나의 경우 일상에서 가끔 욱하고 화가 날 때가 있습니다. 바로 운전할 때입니다. 운전하다 보면 가끔 개념 없는 사람들을 만나게 됩니다. 양심도 없고 예의도 없습니다. 상당히 무례합니다. 그런 사람들을 보면 화가 치밀어 오릅니다. 어느 때는 그 일로 인해 몇 시간 동안, 아니 온종일 기분이 나쁠 때가 있습니다. 하루는 이런 생각이 들었습니다. '왜 내가 그 사람 때문에 온종일 기분이 나빠야 하지? 전혀 모르는 사람 때문에…… 그 사람은 내가 자기 때문에 화가 난지도 모르는데…… 나만 억울한 것 아닌가?' 그 뒤로는 운전 중에 화가 나는 일이 있어도 대수롭지 않게 여기기로 했습니다. 분노의 감정에 휘둘려 나의 일상을 망가뜨리지 않기 위해서입니다. 나를 위해서 그렇게 하기로 했습니다.

그렇습니다. 분노라는 감정에 휘둘려서 통제력을 잃고 하는 말과 행동은 반드시 후회가 뒤따르고 대가를 치르게 됩니다. 당신을 불행에 빠뜨린다는 것을 잊어서는 안 됩니다.

02. 분노 표출을 서두르지 마라

화가 난다고 그 자리에서 곧바로 화를 내지 말아야 합니다. 대부분 분노로 인해 잘못되는 경우는 참지 못하고 그 상황에서 폭발했기 때문입니다. 살인, 폭력, 이혼, 원수 맺는 것과 같은 일은 대부분 참지 못하고 즉각적으로 화를 냈기 때문인 경우가 많습니다. 조금만 참았다면 거기까지는 가지 않았을 것입니다. 조금만 더디 화를 냈어도 그 지경까지 이르지 않았을 것입니다. 성경은 이 부분에 대해 이렇게 말씀하고 있습니다.

"급한 마음으로 노를 발하지 말라 노는 우매한 자들의 품에 머무름이니라"_전도서 7:9

"분을 쉽게 내는 자는 다툼을 일으켜도 노하기를 더디 하는 자는 시비를 그치게 하느니라"_잠언 15:18

"너는 서둘러 나가서 다투지 말라 마침내 네가 이웃에게서 욕을 보게 될 때에 네가 어찌할 줄을 알지 못할까 두려우니라"_잠언 25:8

우리나라 속담에 보면 '참을 인忍자 셋이면 살인도 면한다'라는 말이 있습니다. 화가 나도 곧바로 그 감정을 표현하지 말라는 것입니다. 또한 미국의 3대 대통령 토머스 제퍼슨Thomas Jefferson, 1743. 4. 13.~1826. 7. 4은 화가 나면 열을 세고 많이 나면 백을 셌다고 합니다. 그렇게 화를 다스렸다고 합니다.

토머스 크럼Thomas Crum의 『세 번의 심호흡』이라는 책에 보면 "화가 나면 세 번의 심호흡을 하라"고 조언합니다. "첫 번째 심호흡은 몸과 마음을 차분하게 진정시키고, 두 번째 심호흡은 자신감과 마음의 평안을 주며, 세 번째 심호흡은 감사하는 마음, 정신과 영혼을 하나로 연결한다"라고 말합니다.

그렇습니다. 분노가 죄가 되지 않기 위해서, 마귀에게 이용당하지 않기 위해서는 화가 나더라도 급하게 화를 내지 말고 그 순간은 잘 넘겨야 합니다. 이것이 분노에 대한 성경적 지혜입니다.

03. 분노라는 감정을 미루지 말고 해소하라

분노를 성급하게 표현해서도 안 되지만 그렇다고 당신 안에 차곡차곡 쌓아 두어서도 안 됩니다. 그렇게 쌓인 분노는 어느 순간에 다른 부정적인 감정과 행동으로 걷잡을 수 없이 폭발하게 됩니다. 결국 처리되지 않는 분노는 당신 자신과 주변 사람들에게 치명적인 결과를 가져올 수 있는 것입니다. 그래서 성경은 이렇게 말씀합니다.

"분을 내어도 죄를 짓지 말며 해가 지도록 분을 품지 말고"_에베소서 4:26

해가 지도록 분을 품지 말라는 말씀은 분노를 쌓아 두지 말고 죄를 짓지 않는 방법으로 지혜롭게 풀어야 한다는 것입니다. 화를 지혜롭게 풀지 못하고 참고만 있으면 결국 당신 안에 우울증, 열등감, 성격장애, 화병으로 나타나게 됩니다. 적절하게 표현하고 지혜롭게 해소해야 합니다. 예를 들어 화가 난 상태에서 누군가 당신에게 "화나는 일이 있어?"라고 물으면 "아니? 왜 그렇게 생각해? 나는 절대 화내는 사람이 아니야!"라고 말하는 것은 잘못된 반응입니다. 오히려 화가 많이 난 상황에서는 "그래, 나 화났어! 이런 일 때문에 정말 화가 많아 났어!"라고 말해야 합니다. 이것이 화가 났을 때 옳은 표현 방법입니다.

당신이 분노를 해소하는 최고의 방법이 있습니다. 무엇일까요? 바로 기도입니다. 이것은 모든 그리스도인의 경험이기도 하고 성경의 권면이기도 합니다. 당신 안에 분노가 치밀어 오를 때, 너무 속상하고 화가 나서 누군가를 죽이고 싶을 정도로 미울 때 기도하는 것이 가장 확실하게 분노를 해결하는 방법입니다. 누군가에게, 무엇인가에 대해 분노가 일어날 때마다 기도를 통해 그 분노를 처리해야 합니다.

기도할 때 다음과 같은 일이 일어납니다.

첫째, 주님의 마음을 품게 하십니다.

둘째, 마음에 평안을 주십니다.

셋째, 시야를 넓혀 주십니다. 그동안 보지 못했던 당신의 잘못이 보이고 상대방의 상황이 이해됩니다.

넷째, 마음의 상처가 치유됩니다.

그렇습니다. 기도는 가장 완벽하고 확실한 분노 치료제입니다.

지금 당신은 분노의 사회에서 살고 있습니다. 화를 낼 일도 많고 화가 나게 하는 사람도 많습니다. 이 세상에 욱하는 성질이 없는 사람은 없습니다. 그러나 잊지 마십시오. 한 번의 잘못된 분노는 지금까지 쌓아온 당신 인생의 모든 것을 앗아갈 수 있다는 것을 말입니다.

　이제 함부로 시도 때도 없이 화를 내지 마십시오. 분노하지 마십시오. 더더욱 당신이 하나님의 자녀라면, 그리고 믿음의 사람이라면 분노를 표출하는 것에도, 화는 내는 일에도 지혜롭게 하십시오. 조절과 절제를 통해 죄짓는 데까지 나아가지 않도록 조심하십시오. 이것이 바로 하나님이 당신에게 주신 풍성한 삶을 지속해서 누릴 수 있는 비밀 병기입니다.

분노 힐링 백신

ANGER VACCINE

01. 분노라는 감정에 휘둘리지 마라

분노라는 감정에 휘둘려 통제력을 잃고 하는 말과 행동은 반드시 후회하게 되고 대가를 치르게 된다.

02. 분노 표출을 서두르지 마라

화가 나더라도 급하게 화를 내지 말고 그 순간을 넘겨야 한다. 참을 인자 셋이면 살인도 면한다.

03. 분노라는 감정을 미루지 말고 해소하라

차곡차곡 쌓인 분노는 다른 부정적인 감정과 섞이면서 더욱더 치명적인 결과를 가져올 수 있다. 쌓아 두지 말고 그때그때 지혜롭게 풀어야 한다.

분노 말씀 처방전

당신의 삶을 한순간에 파괴하는 무서운 감정인 분노를 해결하는 말씀 처방전.

: 화를 내는 것도 지혜롭게 하기.

"분을 쉽게 내는 자는 다툼을 일으켜도 노하기를 더디 하는 자는 시비를 그치게 하느니라"_잠언 15:18

"노하기를 더디하는 자는 용사보다 낫고 자기의 마음을 다스리는 자는 성을 빼앗는 자보다 나으니라"_잠언 16:32

"하나님이여 사슴이 시냇물을 찾기에 갈급함 같이 내 영혼이 주를 찾기에 갈급하니이다 내 영혼이 하나님 곧 살아 계시는 하나님을 갈망하나니 내가 어느 때에 나아가서 하나님의 얼굴을 뵈올까 사람들이 종일 내게 하는 말이 네 하나님이 어디 있느뇨 하오니 내 눈물이 주야로 내 음식이 되었도다 내가 전에 성일을 지키는 무리와 동행하여 기쁨과 감사의 소리를 내며 그들을 하나님의 집으로 인도하였더니 이제 이 일을 기억하고 내 마음이 상하는도다 내 영혼아 네가 어찌하여 낙심하며 어찌하여 내 속에서 불안해 하는가 너는 하나님께 소망을 두라 그가 나타나 도우심으로 말미암아 내가 여전히 찬송하리로다 내 하나님이여 내 영혼이 내 속에서 낙심이 되므로 내가 요단 땅과 헤르몬과 미살 산에서 주를 기억하나이다 주의 폭포 소리에 깊은 바다가 서로 부르며 주의 모든 파도와 물결이 나를 휩쓸었나이다 낮에는 여호와께서 그의 인자하심을 베푸시고 밤에는 그의 찬송이 내게 있어 생명의 하나님께 기도하리로다 내 반석이신 하나님께 말하기를 어찌하여 나를 잊으셨나이까 내가 어찌하여 원수의 압제로 말미암아 슬프게 다니나이까 하리로다 내 뼈를 찌르는 칼 같이 내 대적이 나를 비방하여 늘 내게 말하기를 네 하나님이 어디 있느냐 하도다 내 영혼아 네가 어찌하여 낙심하며 어찌하여 내 속에서 불안해 하는가 너는 하나님께 소망을 두라 나는 그가 나타나 도우심으로 말미암아 내 하나님을 여전히 찬송하리로다"

시편 42:1-11

Chapter 6

불안 *ANXIETY*

평안을 앗아가는 악한 바이러스

ANXIETY

당신은 요즘 불안anxiety 한가요? 어떤 일이 당신을 그토록 불안하게 하나요?

어느 날 갑자기 나타난 코로나19 바이러스는 지구촌을 불안과 공포로 몰아넣었습니다. 이제는 코로나19 바이러스의 불안보다 그 결과가 가져온 것에 대한 불안이 더 크다고 할 수 있습니다. 즉 질병, 죽음, 격리, 이별, 실직, 파산, 미래에 대한 불안이 모든 사람을 지배하고 있습니다. 경기연구원에서 2천 명을 대상으로 한 통계 조사에 의하면 코로나19로 인한 불안은 작년보다 12.7% 증가했고 국

민의 55.8%가 현재 불안하다고 말했습니다. 열 명 중 여섯 명은 불안하다고 말한 것입니다.

안전하지만 불안한 시대

지금 우리는 그 어느 때보다도 불안한 시대를 살고 있습니다. 아마 정도의 차이는 있겠지만 현대를 살아가는 모든 사람은 '불안하다'라는 단어를 늘 떠올리며 살지 않을까 생각합니다. 여러 자료나 상황을 통해 깨닫게 되는 것은 코로나19로 인한 불안 이외에도 사회가 발전하면 발전할수록, 잘 살면 잘 살수록, 많이 배우면 배울수록 불안감도 더 커진다는 것을 알 수 있습니다.

과거보다 지금이 얼마나 더 살기가 좋아졌습니까? 얼마나 편하고 안전한 시대에 살고 있습니까? 얼마나 많은 정보와 첨단기술을 누리며 살고 있습니까? 그러나 사람들은 가면 갈수록 '불안하다'라는 말을 더 많이 하는 것 같습니다.

현재 CCTV나 보안경비 시스템은 최첨단을 달리고 있습니다. 그러나 범죄는 과거보다 더 많이 증가하고 있습니다. 흉악범죄, 묻지마식 범죄와 같은 강력 범죄가 더욱 잦아지고 있습니다. 사람들은 갈수록 더욱더 불안을 호소하고 있습니다.

또한 지금 이 시대는 과거보다 다양한 지식과 정보의 홍수 속에 살고 있습니다. 유튜브를 통해 의학 상식이나 건강 지식을 얼마든지 쉽게 얻을 수 있습니다. 그러나 건강에 대한 불안은 오히려 증가하고 있고 건강 염려증 환자 또한 더 많아지고 있습니다. 오래 사는 것도 좋지만 100세 시대를 맞이하면서 노후에 대한 불안도 증가하고 있습니다.

미래학자들과 심리학자들은 앞으로 다가오는 시대는 불안의 시대가 될 것이고, 이 불안의 문제는 온갖 사회적, 가정적, 개인적인 문제를 가져올 것이라고 말합니다. 특히 모든 인간이 가지고 있는 공통적인 불안인 가난, 질병, 실패, 사랑, 자유, 늙음, 죽음에 대한 불안 외에 미래 사회는 불안의 항목이 더 많이 추가될 것이라고 진단합니다.

그렇다면 하나님의 말씀인 성경은 불안에 대해 무엇이라 말씀하고 있을까요? 먼저 당신이 알아야 할 것, 확실히 해 두어야 할 것이 있습니다. 그것은 바로 하나님께서는 주의 자녀인 당신이 이 땅에서 행복하고 풍성한 삶을 살기 원하신다는 것입니다. 불안한 삶이 아니라 평안한 삶을 살기를 원하신다는 것입니다.

따라서 하나님께서는 불안한 이 시대를 살아가는 당신이 어떻게 하면 불안 없이 평안한 삶, 행복한 삶을 살 수 있을 것인가 하는 해답을 성경을 통해 말씀해 주십니다. 불안에 대한 하나님의 처방전인 말씀으로 당신을 힘들게 하고 삶의 평안을 앗아가는 불안의 바이러스가 소멸되고, 심령의 자유와 평안함이 당신의 마음과 생각을 지배하는 회복의 은총이 있기를 바랍니다.

두 종류의 불안

불안에는 두 종류가 있습니다. '정상적인 불안일반적인 불안'과 '비정상적인 불안병적인 불안'이 그것입니다. 정상적인 불안이란 사람이라면 누구나 큰일을 앞두고 느끼는 일반적인 불안을 말합니다. 예를 들어 코로나19 확진자가 같은 아파트 같은 동同에서 나왔다면 주차장에서도, 엘리베이터를 탈 때도 불안할 것입니다. 수능을 앞둔 학생들의 경우에도 점수가 어떻게 나올지, 원하는 대학에는 갈 수 있을지 불안할 것입니다. 건강에 이상이 있는 사람들의 경우 병이 치료될 수 있을지, 그와 관련해 죽음에 대한 심리적 불안을 느낄 것입니다. 이러한 불안은 지극히 정상적인 불안입니다. 일반적으로 누구나 다 가질 수 있는 불안입니다. 오히려 이러한 불안을 느끼지 못한다면 그 사람은 뭔가 문제가 있는 것입니다. 특별한 상황에서 불안의 감정을 가지는 것은 당연합니다.

이에 반해 병적 불안이라고도 말하는 비정상적인 불안

은 과거의 아픈 상처나 큰 충격과 같은 삶의 쓴 뿌리를 통해 오는 경우가 많습니다. 예를 들어 큰 실패나 사고, 타인으로부터의 배신, 부모의 폭언과 폭행, 사랑하는 사람과의 이별 같은 일입니다. 이런 경우 비슷한 상황이 일어나면 몸이 긴장되고 두려움과 불안함, 심장이 두근거리고 식은땀이 나기도 합니다. 심지어 구토, 홍조, 근육통, 혈압상승, 어지럼증이 나타나기도 합니다. 이렇게 과거의 쓴 뿌리를 통한 병적 불안은 당신의 삶에 크고 작은 문제들-우울증, 불면증, 공포감, 망상, 자살-을 발생시킵니다.

성경에서는 불안이 생기는 원인을 네 가지로 말씀하고 있습니다. 첫째는 범죄입니다. 창세기를 보면 아담과 하와가 에덴동산에서 선악을 알게 하는 나무의 열매를 따 먹는 범죄를 저지릅니다. 죄를 짓고는 하나님을 피해 숨습니다창 3장. 불안해합니다. 다윗도 범죄 함으로 불안해합니다시 32:3; 38:3, 7-8. 둘째는 하나님에 대한 불신입니다. 가나안 정탐꾼 열 명이 하나님을 불신하고 자신들은 메뚜기에

불과하다고 하면서 불안해합니다민 13:31-33. 홍해를 가르
시고, 불기둥과 구름 기둥으로 인도하시는 하나님보다 지
금 주어진 환경을 더 크게 보고 하나님을 절대적으로 믿
지 않는 데서 나오는 불안입니다. 예수님의 제자들도 광
풍이 불 때 예수님을 불신하고 불안해합니다막 4:35-41. 하
나님과 하나님의 말씀을 절대적으로 믿지 않는 데서 불
안이 나옵니다. 셋째는 불순종입니다. 넷째는 고난의 환
경입니다.

중요한 것은 정상적인 불안이든 비정상적인 불안이든
하나님 안에서는 치유되고 회복될 수 있습니다. 이제 당
신은 큰일을 앞두고 심리적으로 불안할 때 기도하길 바
랍니다. 하나님께서 긴장을 완화해 주실 것입니다. 안정
과 평안을 주실 것입니다. 과거의 쓴 뿌리와 상처로 인한
불안이라면 더더욱 기도하기 바랍니다. 하나님께서 상한
마음을 치유해 주시고 불안에서 자유롭게 되는 은혜를
허락해 주실 것입니다.

하나님께서는 당신이 불안을 통해 삶이 파괴되고 불행

해지는 것을 원치 않으십니다. 하나님께서는 당신이 불안 없는 평안한 삶, 담대한 삶, 풍성하고 행복한 삶을 살기를 원하십니다. 이것이 하나님 아버지의 마음입니다.

극도의 불안한 상황에서

시편 42편은 고라 자손의 찬송시입니다. 고라 자손이 누구입니까? 민수기 26장에 보면 고라 자손은 레위 지파로 성전에서 일하던 사람들입니다. 그러나 이들은 한 사건으로 인해 레위 지파로서의 모든 역할을 다 잃어버리게 됩니다. 민수기 16장에서 고라와 그 무리는 모세의 지도력에 반기를 듭니다. 순식간에 250명이 죽임을 당하게 됩니다. 그 후 고라 자손은 반역의 후손이라는 낙인이 붙었고 레위 지파 안에서 찬밥신세가 되고 맙니다.

이 사건이 있고 난 뒤 고라 자손은 조상들의 죄와 실수를 반복하지 않기 위해 뼈를 깎는 노력을 합니다. 그러다가 다윗 시대에 이르러 고라의 후손이 다윗의 인정을 받고 전면에 등장하게 됩니다. 레위 지파로서의 가장 핵심 보직인 성전 관리와 찬양 대장의 일을 하게 된 것입니다^{대상 9장}.

그러던 중 다윗 왕 시대에 엄청난 사건이 일어납니다. 당신도 잘 알고 있듯이 다윗의 아들 압살롬이 아버지를 왕에서 몰아내고 자신이 정권을 잡게 된 것입니다^{삼하 15장}. 쿠데타가 일어난 것입니다. 당시 다윗과 그의 측근들은 울며 도망을 치게 됩니다. 이렇게 다윗이 도망할 때 고라 자손도 함께했다고 합니다. 물론 압살롬의 반역은 삼일천하로 끝났지만, 그 순간은 절체절명의 위기의 상황이었습니다.

시편 42편은 이렇게 압살롬의 반역으로 다윗과 함께 도망했던 고라 자손이 다윗의 상황과 자신의 상황을 생각하며 지은 찬송시입니다. 모든 것을 잃은 상황, 생사를 넘나드는 상황, 미래가 어떻게 될지 모르는 불확실한 상황에서 기록한 고백입니다. 한마디로 표현하면 극도의 불안한 상황에서 기록한 것입니다. 불안한 상황에서 고라 자손은 이렇게 고백합니다.

"사람들이 종일 내게 하는 말이 네 하나님이 어디 있느뇨 하오니 내 눈물이 주야로 내 음식이 되었도다"_시편 42:3

"내 영혼아 네가 어찌하여 낙심하며 어찌하여 내 속에서 불안해 하는가 너는 하나님께 소망을 두라 그가 나타나 도우심으로 말미암아 내가 여전히 찬송하리로다"_시편 42:5

시편 42편을 묵상하다 보면 고라 자손의 고백은 지금 이 시대를 살아가고 있는 내가 불러야 할 찬송이 아닌가 생각됩니다. 개인적으로, 교회적으로, 사회적으로 매우 불안한 시대를 사는 우리와 너무 똑같은 상황이기 때문입니다.

그렇다면 시편 42편에서 고라 자손과 다윗이 극도의 불안을 극복하고 하나님의 평안을 되찾고 승리할 수 있었던 영적 비밀은 무엇일까요? 삶 속에서 불안한 상황을 만날 때 당신은 어떻게 해야 할까요?

01. 하나님을 간절히 찾으라

불안은 수시로 찾아옵니다. 불안을 해소하는 방법은 우황청심환을 먹는다고 해서, 마인드 컨트롤을 한다고 해서, 상담을 받는다고 해서 해결되지 않습니다. 그런 것들은 일시적인 처방일 뿐입니다. 불안에서 자유할 수 있는 방법은 바로 불안할 때 하나님을 찾는 것입니다. 지금 고라 자손은 모든 것을 잃어버린 극도의 불안한 상황에서 다른 것을 찾지 않습니다. 도움이 될 만한 사람이나 군대, 전략을 찾지 않습니다. 오직 주 하나님을 찾고 있습니다.

"하나님이여 사슴이 시냇물을 찾기에 갈급함 같이 내 영혼이 주를 찾기에 갈급하니이다 내 영혼이 하나님 곧 살아

계시는 하나님을 갈망하나니 내가 어느 때에 나아가서 하나
님의 얼굴을 뵈올까"_시편 42:1-2

어느 정도로 갈급하게 주 하나님을 찾습니까? 사슴이
갈급하게 시냇물을 찾는 것과 같이 하나님을 간절히 찾
는다는 것입니다. 언제입니까? 불안하고 초조하고 긴장되
는 상황에서입니다. 1절에서 "갈급하니이다"라는 고백은
'헐떡거린다'라는 의미입니다. 사슴이 너무 목이 말라 헐
떡거리며 시냇물을 찾는 모습입니다. 지금 사슴이 시냇
물을 찾는 것은 여가나 놀이를 즐기기 위함이 아닙니다.
시냇물을 찾으면 살고 못 찾으면 죽는 상황입니다. 사슴
의 갈급함은 사느냐 죽느냐의 생존이 달린 시급한 문제
입니다.

마찬가지입니다. 지금 불안한 상황에서 고라 자손과 다
윗이 하나님을 찾는 것은 생존을 위한 유일한 방법입니
다. 이 불안한 상황에서 '하나님을 찾고 만나면 살고 못
찾으면 죽는다'라는 생각을 하는 것입니다. 지금 불안에

서 벗어날 수 있는 길, 사는 길, 다시 일어설 수 있는 길
은 오직 하나님께만 있다고 믿고 있는 것입니다.

그렇습니다. 불안할 때 당신은 다른 그 무엇보다도 하
나님을 가장 먼저 찾으십시오. 살고 죽는 문제는 하나님
께 달려 있음을 믿고 하나님께 올인하십시오. 그럴 때
하나님은 평안의 시냇물, 복락의 강수를 마시게 할 것입
니다.

"너희는 여호와를 만날 만한 때에 찾으라 가까이 계실 때
에 그를 부르라"_이사야 55:6

02. 하나님께 소망을 두라

불안할 때일수록 사람이나 돈, 세상의 빽, 당신의 능력
을 의지하지 마십시오. 오히려 더 초라해질 수 있고 한계
를 느끼며 좌절할 수 있습니다. 하나님의 사람인 당신이
불안할 때 할 수 있는 최선의 방법은 바로 하나님께 소망

을 두는 것입니다.

"내 영혼아 네가 어찌하여 낙심하며 어찌하여 내 속에서 불안해 하는가 너는 하나님께 소망을 두라 그가 나타나 도우심으로 말미암아 내가 여전히 찬송하리로다"_시편 42:5

하나님께 소망을 둔다는 것은 두 가지 의미를 담고 있습니다. 첫째는 지금 당신을 불안하게 하는 모든 요소-사람, 상황, 문제, 미래-에 집중하지 말고 하나님께 주파수를 맞추라는 것입니다. 하나님께 주파수를 맞추면 당신은 하나님의 소리를 들을 수 있습니다. 하나님의 위로와 해결의 확신, 하나님이 주시는 힘과 능력, 하나님의 지혜를 얻을 수 있습니다. 이렇게 할 때 당신은 불안에서 자유할 수 있습니다.

둘째는 하나님의 때를 기다리며 끝까지 하나님을 기대하는 것을 의미합니다. 시편 42편 5절과 11절에 "그가 나타나 도우심으로 말미암아 내가 여전히 찬송하리로다"라고 고백합니다. 이 찬송은 하나님이 나타나실 때까지 흔들리지 않고 하나님을 바라보겠다는 것입니다. 왜 그렇게 합니까? 하나님은 하나님의 때에 일하시는 분임을 믿기 때문입니다. 그렇습니다. 주변에서 누가 뭐라고 해도 어떤 상황이 와도 인내하며 하나님이 개입하시는 때가 있음을 믿고 기다리며 기대할 때 당신은 불안에서 자유할 수 있습니다.

불안할 때일수록 하나님께 소망을 두십시오. 불안할 때마다 하나님께 주파수를 맞추고 하나님과 소통할 수 있다면, 그리고 하나님은 하나님의 때에 반드시 개입하시고 역사하신다는 믿음을 가지고 나아간다면 불안은 더 이상 당신을 넘어뜨리지 못할 것입니다.

03. 기도로 불안을 해소하라

당신의 마음이 불안할 때 가장 확실한 해결 방법은 하

나님께 기도하는 것입니다. 불안을 해결하는 가장 좋은 방법이 기도라는 것은 지극히 상식적이고 일반적인 것처럼 보입니다. 그러나 이것이 진리입니다. 불안을 소멸할 수 있는 가장 강력한 백신이 바로 기도라는 것을 당신은 절대 놓쳐서는 안 됩니다.

고라 자손의 찬송시인 시편 42편을 보면서 그들이 불안할 때 그렇게 찾고 소망을 두고 기도했던 그 하나님은 어떤 분이신가 알아야 합니다. 그분은 바로 살아계신 하나님시 42:2, 생명의 하나님시 42:8, 반석이신 하나님시 42:9이었습니다. 이러한 하나님이 당신이 불안할 때 함께하신다는 것입니다. 그리고 당신의 기도를 들으신다는 것입니다. 이 확신만 있다면 무엇이 두렵고 불안하겠습니까? 기도할 때 불안의 파도는 잠잠해지고, 불안의 광풍은 물러가게 될 것입니다. 고라 자손이 경험했던 것처럼 기도는 불안을 물러가게 하는 가장 확실한 해답임을 믿고 이제부터 불안한 상황을 만났을 때 기도하는 당신이 되기를 바랍니다.

예수님을 보십시오. 겟세마네 동산에서의 예수님은 지극히 불안한 상태였을 것입니다. 그때 무엇을 하셨습니까? 하나님께 기도하셨습니다. 그리고는 전혀 불안해하지 않으셨습니다. 평안한 상태에서 군병들에게 잡히셨습니다. 십자가에서도 평안한 가운데 인류 구속 사역을 완성하셨습니다.

사도 바울을 보십시오. 얼마나 불안한 삶을 살았습니까? 그러나 그는 그럴 때마다 기도합니다. 그리고 이렇게 말합니다.

"아무 것도 염려하지 말고 다만 모든 일에 기도와 간구로, 너희 구할 것을 감사함으로 하나님께 아뢰라 그리하면 모든 지각에 뛰어난 하나님의 평강이 그리스도 예수 안에서 너희 마음과 생각을 지키시리라"_빌립보서 4:6-7

당신이 하나님의 자녀임을 확신한다면 이제 당신을 불행으로 몰아가는 마음의 불안, 절망과 낙심으로 몰아가는 불안으로부터 자유하십시오. 불안할 때마다 하나님만을 찾고 하나님께 소망을 두며 살아계신 하나님, 생명의 하나님, 반석이 되신 하나님께 기도하십시오. 그럴 때 당신을 묶고 있던 불안의 사슬은 끊어지게 될 것입니다.

오늘 하나님께서는 당신에게 이렇게 말씀하십니다.

"내 영혼아 네가 어찌하여 낙심하며 어찌하여 내 속에서 불안해 하는가 너는 하나님께 소망을 두라 나는 그가 나타나 도우심으로 말미암아 내 하나님을 여전히 찬송하리로다"
_시편 42:11

불안 힐링 백신

ANXIETY VACCINE

01. 하나님을 간절히 찾으라

불안에서 벗어날 수 있는 길은 오직 하나님께 있다. 하나님께 올인할 때 불안은 완전히 소멸된다.

02. 하나님께 소망을 두라

주파수를 하나님께 맞추고 하나님의 때를 기다리라. 그러면 불안한 상황에서 하나님의 세미한 위로의 음성을 들을 수 있다.

03. 기도로 불안을 해소하라

기도할 때 하나님이 말씀하신다. 불안의 요소를 제거하신다. 그리고 불안한 그 순간 하나님이 크게 보인다.

불안 말씀 처방전

ANXIETY GOOD NEWS

당신 삶의 평안을 앗아가는 주범인 불안에서 자유할 수 있는 말씀 처방전.

: 살아계시고, 생명이 되시며, 반석이 되시는 하나님 안에서 불안의 사슬은 끊어진다는 것을 확신하기.

"두려워하지 말라 내가 너와 함께 함이라 놀라지 말라 나는 네 하나님이 됨이라 내가 너를 굳세게 하리라 참으로 너를 도와 주리라 참으로 나의 의로운 오른손으로 너를 붙들리라"_이사야 41:10

"평안을 너희에게 끼치노니 곧 나의 평안을 너희에게 주노라 내가 너희에게 주는 것은 세상이 주는 것과 같지 아니하니라 너희는 마음에 근심하지도 말고 두려워하지도 말라"_요한복음 14:27

STRESS
SLUMP
BROKEN HEART
LONELINESS
ANGER
ANXIETY

WEAKNESS

INFERIORITY

GUILT

Part 3

소심해지는 당신을 위한 처방전

약점 Weakness
대하는 사람에 따라 달라지는 두 얼굴 __

열등감 Inferiority
당신의 내면을 파괴하는 무서운 괴물 __

죄책감 Guilt
당신의 마음을 지옥으로 만드는 사탄의 히든카드 __

"여러 계시를 받은 것이 지극히 크므로 너무 자만하지 않게 하시려고 내 육체에 가시 곧 사탄의 사자를 주셨으니 이는 나를 쳐서 너무 자만하지 않게 하려 하심이라 이것이 내게서 떠나가게 하기 위하여 내가 세 번 주께 간구하였더니 나에게 이르시기를 내 은혜가 네게 족하도다 이는 내 능력이 약한 데서 온전하여짐이라 하신지라 그러므로 도리어 크게 기뻐함으로 나의 여러 약한 것들에 대하여 자랑하리니 이는 그리스도의 능력이 내게 머물게 하려 함이라 그러므로 내가 그리스도를 위하여 약한 것들과 능욕과 궁핍과 박해와 곤고를 기뻐하노니 이는 내가 약한 그 때에 강함이라"

고린도후서 12:7-10

Chapter 7

약점 WEAKNESS
대하는 사람에 따라 달라지는 두 얼굴

WEAKNESS

당신에게는 어떤 약점weakness이 있나요? 그 약점으로 인해 삶이 버겁거나 고통 속에서 지내고 있지는 않나요?

요즘 언론에서 기레기라는 말을 합니다. 기레기는 기자와 쓰레기의 합성어입니다. 기자들의 행태를 비난한 말입니다. 사람이든 사건이든 한 번 기레기에 걸려들면 살아남기 힘들다고 합니다. 왜냐하면 그들은 항상 부작용과 문제에만 초점을 맞추기 때문입니다. 실수와 허물만 크게 들추어내는 것에 집중하기 때문입니다. 그래서 실제 많은 사람이 사실과는 다른 일로 희생양이 됩니다.

01. 약점 앞에 모든 사람은 공평하다

털어서 먼지 안 나는 사람 있습니까? 바꾸어 말하면 이 세상에 약점이 없는 사람이 어디 있습니까? 모든 사람은 나름대로 약점과 허물을 다 가지고 있습니다. 이 세상에 약점과 단점이 없는 사람은 단 한 사람도 없습니다.

헬라 신화에 나오는 영웅 아킬레우스Achilleus의 어머니는 그의 아들을 영원히 죽지 않는 불멸의 몸으로 만들기 위해 아킬레우스가 태어나자마자 스틱스라는 강물에 집어넣습니다. 그 강물에 몸을 담그면 온몸이 갑옷처럼 되어 칼이나 화살을 맞아도 죽지 않을 거라 여겼기 때문입니다. 그런데 어머니가 아킬레우스를 강물에 집어넣을 때 발뒤꿈치를 잡고 넣는 바람에 발목 부분은 강물에 적셔지지 않았습니다. 다른 부위는 칼이나 창에 찔려도 상처가 생기지 않는데 발뒤꿈치는 그렇지 않았습니다. 결국 아킬레우스는 발뒤꿈치에 화살을 맞고 죽게 됩니다. 여기서 나온 말이 '치명적인 약점'이라는 뜻을 가진 '아킬레스건achilles tendon'입니다. 모든 사람에게는 이렇게 치명적인 약점이 있습니다.

나는 가끔 "목사님은 성격도 차분하시고 섬세한 분이라 약점이 없을 것 같아요"라는 말을 듣습니다. 과연 그럴까요? 공개되지 않아서 그렇지 실제로 실수투성이이며 약점이 너무 많은 사람입니다. 좋은 부분만 드러나 보이는 것뿐입니다. 그렇습니다. 사람은 저마다 건강, 외모, 학력, 성격, 과거, 경제력, 가족에 대한 것 등 남모르는 약점을 다 가지고 있습니다. 이 세상 모든 사람은 약점 앞에 공평합니다.

그런데 중요한 것은 약점이 그냥 약점으로 끝나면 괜찮은데 안타깝게도 많은 경우 자신의 약점이 스스로를 힘들게 하고 낙심하게 하고 심지어는 그 약점으로 인해 무능한 인생, 실패한 인생을 살아가는 경우가 참으로 많다는 것입니다. 이럴 때 약점은 당신 인생에 있어 '약'이 아니라 '독'이 되는 것입니다.

심리학자들은 약점에 발목이 잡힐 때 나타나는 현상으로 매사에 자신감이 없어지며 의기소침해져 쉽게 포기하는 경향이 있다고 합니다. 또한 비뚤어진 성격과 인격을 형성하기도 하는데 예를 들면 괴팍하고 폐쇄적인 성격, 화를 잘 내는 성격으로 나타나기도 한다고 합니다. 어떤 사람의 경우 과거에 더욱 집착하게 되고 미래로 나아가지 못함으로 실패자가 되고 만다는 것입니다. 약점이 주는 마이너스 현상입니다.

당신은 정확히 알아야 합니다. 약점이 모든 사람에게 공평한 것이라면, 그리고 약점에 집중하는 것이 이렇게 인생에 마이너스 결과를 가져온다면 이제 당신은 그 약점에서 자유하는 법을 배워야 합니다. 나아가 약점보다는 강점, 허물보다는 장점을 보는 믿음의 눈을 가져야 합니다. 그런 사람이 진정 하나님의 사람이요, 믿음의 사람이라고 할 수 있습니다.

어떤 사람이 성숙한 믿음의 사람일까요? 자신과 다른

사람의 약점을 보기보다는 장점을 보는 사람입니다. 어떤 가정이 잘되는 가정, 행복한 가정일까요? 남편과 아내, 부모와 자녀가 서로 상대의 약점을 지적하며 들추어내는 가정일까요? 아닙니다. 서로의 장점을 보고 격려하고 칭찬하는 가정입니다. 어떤 교회가 건강하고 행복한 교회일까요? 교회의 약점, 목회자의 약점, 성도들의 약점을 지적하고 비난하는 교회일까요? 아닙니다. 여전히 약점이 있지만 서로 사랑으로 덮어주고 격려해 주고 기도해 주는 교회입니다.

사실 중요한 것은 약점 그 자체가 문제가 아니라 그 약점에 대해서 어떻게 반응하느냐입니다. 이러한 반응에 한 개인, 가정, 교회, 국가의 미래와 성패가 좌우된다고 할 수 있습니다.

이제 당신이나 다른 사람의 약점이 보이거든 믿음으로 반응하길 바랍니다. 감사로 반응하길 바랍니다. 긍정적으로 반응하길 바랍니다. 이것이 바로 당신을 약점에서 자유하게 하시고, 약점을 치유하고 회복하시는 하나님의 손길을 경험하는 비밀 병기입니다.

육체의 약점을 가진 사도 바울

고린도후서 12장은 사도 바울의 충격적인 약점을 기록하고 있습니다. 사도 바울이 누구입니까? 한마디로 그는 대단한 사람입니다. 요즘 말로 하면 완벽한 외적 조건, 온갖 스펙을 다 갖춘 사람입니다. 사도 바울은 당시 가말리엘에게서 교육을 받은 탁월한 지성인이었고 후에 신약성경의 3분의 2를 기록한 위대한 사도였습니다. 신분은 바리새인 중의 바리새인으로 당시 최고의 권위를 지닌 사람이었고, 가문과 배경은 로마의 시민권을 가질 정도로 부자였고 엘리트 가문이었습니다. 사도 바울은 자타가 공인하는 완벽한 사람, 하나님과 사람 앞에서 나무랄 것이 없는 사람이었습니다.

그러나 고린도후서 12장을 통해 이런 사도 바울에게도

약점이 있었음을 알 수 있습니다. 그 약점은 바로 육체의 가시사탄의 사자, 7절라고 하는 육체의 질병이었습니다. 성경학자들에 의하면 그 가시는 간질epilepsy, 뇌전증이었다고 합니다.

간질이라고 하는 질병이 어떤 것인지 알고 있을 것입니다. 멀쩡하다가도 갑자기 의식을 잃고 쓰러지거나 발작을 일으킵니다. 주변 사람들이 감당하기 힘들 정도로 경련을 일으킵니다. 사도 바울의 경우를 상상해 보십시오. 설교하거나 전도하다가 갑자기 쓰러져서 발작을 일으켰을 때 주변에 있던 사람들이 얼마나 놀랐을까요? 당시 사도 바울은 손수건만 얹어도 병을 낫게 한다는 능력의 사도였습니다. 그런데 그런 사람이 간질과 같은 질병을 가지고 있다는 것을 알았을 때 사람들이 얼마나 비아냥거렸을까요? 사도 바울의 입장에서 얼마나 창피하고 자존심이 상했을까요?

이런 상황에서 사도 바울은 자신의 약점을 놓고 하나

님께 간절히 기도합니다. 육체의 가시인 그 질병을 고쳐 달라고 부르짖으며 기도합니다. 그러나 하나님의 응답은 그 약점을 없애주심이 아니라 엉뚱한 것이었습니다.

"나에게 이르시기를 내 은혜가 네게 족하도다 이는 내 능력이 약한 데서 온전하여짐이라 하신지라 그러므로 도리어 크게 기뻐함으로 나의 여러 약한 것들에 대하여 자랑하리니 이는 그리스도의 능력이 내게 머물게 하려 함이라"_고린도후서 12:9

하나님은 사도 바울의 약점을 하나님의 은혜라고 말씀하십니다. 하나님이 그 약점을 주셨다는 말씀입니다. 지금 그 약점은 사도 바울을 실패하게 하기 위해 주신 것이 아니라 더 큰 능력의 사도로, 깊이 있는 기도자로, 많은 사람을 위한 간증자로 쓰기 위한 하나님의 도구라고 말씀하신 것입니다. 그는 지금 자신의 약점을 가시 혹은 사탄의 사자라고 부르지만 사실 그것은 하나님께서 사도 바울에게 주신 은혜입니다. 당신은 이런 하나님의 의도와 심정이 이해됩니까?

지금 당신을 힘들게 하고 고통스럽게 하는 가시는 무엇입니까? 하나님께서 당신에게 그런 가시, 그런 약점을 주신 이유가 무엇이라 생각됩니까? 사도 바울에게 "그것은 내 은혜의 흔적이다. 내가 너를 사랑하기에 너에게 준 축복의 통로다"라고 말씀하신 하나님께서 지금 당신에게도 똑같이 말씀하십니다. 그 성령님의 음성을 들을 수 있길 바랍니다. 그리고 오히려 당신의 약점을 통하여 놀라운 일을 이루실 하나님을 기대하길 바랍니다.

어렸을 적에 어머니가 매를 드실 때면 방문을 닫고 문고리에 숟가락 하나를 꽂았습니다. 숟가락이 문고리에 꽂히는 순간 '이제 나는 죽었구나!'라는 생각을 하곤 했습니다. 종아리를 맞을 때면 진짜 '우리 엄마가 아닌 것 같다'라는 생각을 했습니다. 서러움에 울었습니다. 그런데 언젠가 매를 맞은 후 부엌에서 우는 소리가 들려 가보니 어머니가 울고 계셨습니다. 자식을 때려놓고 마음이 아파서 우시는 것이었습니다. 그 모습을 보며 '우리 엄마 맞구나!'라고 생각했습니다. 어른이 된 후 지금에 와서 생각해 보면 어머니의 매는 은혜였고 사랑의 증거였음을 깨닫게 됩니다. 그 매를 통해 부족한 나를, 잘못된 나를 바로 잡을 수 있었다는 것도 알게 됩니다. 어머니의 회초리는 나에게 축복이었습니다.

고린도후서 12장의 말씀을 통해서 당신이 분명히 알아야 하는 한 가지는 하나님 아버지께서는 주의 자녀인 당신이 인생의 가시라고 할 수 있는 약점에 발목이 잡혀 실패한 인생을 살아가는 것을 원하지 않으신다는 사실입니다. 오히려 그 약점이 성숙의 포인트가 되고 인생의 디딤돌이 되길 간절히 원하시는 것입니다.

그렇다면 하나님께서는 왜 당신에게 약점을 주신 것일까요? 고린도후서 12장에 보면 약점이 당신에게 주는 유익을 발견하게 됩니다. 이 말씀을 통해 더는 당신의 약점이 당신을 힘들게 하고 기죽게 하는 상처가 아니라 인생을 더 성숙하게 하고, 행복하게 하는 은혜로 여기길 바랍니다.

02. 약점도 아름답다

사도 바울의 경우를 보면 당신에게 있는 약점이 찌르는 가시만은 아니라는 것을 알 수 있습니다. 약점은 때로 당신 인생에 플러스 요인이 되기도 합니다. 그렇다면 약점이 주는 유익은 무엇일까요?

첫째로 약점은 당신을 자만하지 않게 하기 위한 안전장치입니다. 당신이 겸손한 삶을 살게 하는 하나님의 도구라는 것입니다.

"여러 계시를 받은 것이 지극히 크므로 너무 자만하지 않게 하시려고 내 육체에 가시 곧 사탄의 사자를 주셨으니 이는 나를 쳐서 너무 자만하지 않게 하려 하심이라"_고린도

후서 12:7

　사도 바울은 모든 면에서 부족함이 없었던 사람입니다. 만약에 이렇게 완벽한 사도 바울에게 육체의 질병이라는 약점이 없었다면 그는 아주 기고만장한 사람, 교만한 사람이 되었을지도 모릅니다. 사도 바울 자신도 그것을 알고 있었습니다. 그래서 그는 하나님께서 자신이 자만하는 것을 막는 안전장치로 질병을 주셨다고 고백하고 있습니다. 사도 바울은 자신의 약점을 보면서 겸손하게 되었고, 더욱더 간절히 하나님께 매달려 기도하게 되었으며, 다른 약한 사람들을 이해하는 사람이 되었다고 말합니다.

　당신에게 개인적으로, 가정적으로, 자녀에게, 직장과 일터에 혹시 약점과 문제가 있다면 이제는 그 약점이 당신을 패배케 하고 낙심케 하는 삶의 덫이 아니라 당신을 더욱 기도하게 하고 겸손하게 하고 성숙하게 하시려는 하나님의 안전장치임을 깨달아 알기를 바랍니다.

목회하면서 깨닫게 되는 것은 하나님은 모든 것을 다 주시지 않습니다. 개인마다, 가정마다 너무 교만하지 않도록 여러 가지 가시를 주셨다는 것입니다. 아픔을 주셨다는 것입니다.

하나님이 사랑하는 사람일수록 더욱더 그렇습니다. 어떤 경우에 그 사람은 약점 때문에 하나님의 사람이 되었고 하나님을 알게 되었으며 겸손한 사람으로 다듬어졌다는 것을 알게 됩니다.

둘째로 약점은 깊은 기도의 자리로 나아가게 하며 이를 통해 능력 있는 삶을 살게 한다는 것입니다. 사도 바울은 자신의 약점 때문에 더욱더 간절히 기도했다고 말합니다. 40일 금식기도를 세 번씩이나 하지 않았을까 생각합니다. 만약 사도 바울에게 이런 약점이 없었다면 그렇게 간절히 기도했을까요?

"이것이 내게서 떠나가게 하기 위하여 내가 세 번 주께 간구하였더니"_고린도후서 12:8

일반적으로 그리스도인들은 평안할 때, 문제가 없을 때, 부족함이 없을 때는 기도하지 않는 경향이 있습니다. 그러나 힘든 일이 생길 때, 두려운 일이 생기고, 문제가 터졌을 때 기도합니다. 어려운 일이 생겼을 때 하나님을 찾고 간절히 기도하게 됩니다. 당신의 경우 어느 때에 더 간절히 기도하고 부르짖습니까? 당신도 일반적인 그리스도인들과 같이 힘든 일이 생겼을 때 더욱더 주님을 찾지 않습니까?

그렇습니다. 하나님께서는 당신의 약점을 통해 당신이 더욱더 기도하기를 원하십니다. 기도를 통해 능력 있는 삶을 살기 원하시고 약점이 변하여 자랑이 되는 기적의 삶을 살기 원하십니다.

그러나 분명히 기억하길 바랍니다. 당신이 약점으로 인해 기도하지 못하게 되고 더 시험에 들고, 당신의 믿음을 빼앗기는 일이 생긴다면 그 약점은 정말 저주가 된다는 사실입니다.

그렇다면 누구나 가지고 있는 약점에서 당신은 어떻게

자유함을 얻을 수 있을까요?

03. 약점에 숨겨진 하나님의 의도를 파악하라

약점을 통해 하나님의 의도를 파악하는 것이 어떻게 가능할까요? 약점을 가진 일반 사람에게는 불가능한 말일 수 있습니다. 그러나 하나님의 자녀인 당신에게는 충분히 가능한 일입니다. 사도 바울을 보십시오.

"나에게 이르시기를 내 은혜가 네게 족하도다 이는 내 능력이 약한 데서 온전하여짐이라 하신지라 그러므로 도리어 크게 기뻐함으로 나의 여러 약한 것들에 대하여 자랑하리니 이는 그리스도의 능력이 내게 머물게 하려 함이라"_고린도후서 12:9

'도리어 크게 기뻐한다? 약한 것들을 오히려 자랑한다?' 아니 어떻게 여전히 약함이 있고 문제가 자신을 힘들게 하는데 감사하고 기뻐할 수 있단 말입니까? 비밀은 바로 하나님은 합력하여 선을 이루시는 분임을 믿었기 때문입니다롬 8:28. 다시 말하면 자신의 모든 약함도, 부족함도, 약점도, 가시도 하나님이 주신 것이라면 그것을 통해 자신을 죽이시려는 것이 아니라 살리시고 더 잘되고 풍성하게 하시려는 하나님의 선하신 의도가 있음을 믿었기 때문입니다.

1967년 이스라엘 총리로서 연립내각을 이끌었던 여성 정치가가 있었습니다. 그녀는 중동 평화를 위해서 많은 역할을 했습니다. 누구보다도 열심히 살았고 국민이 잘살 수 있도록 온 힘을 다한 사람입니다. 그녀의 이름은 골다 메이어Goldie Myerson입니다. 사람들은 그녀가 죽은 후에야 12년 동안이나 백혈병을 앓고 있었다는 사실을 알게 되었습니다. 때때로 골다 메이어 총리는 자기의 약점에 대해서 이렇게 말했다고 합니다.

"저는 제 얼굴이 못생긴 것을 참으로 다행스럽게 생각

합니다. 저는 일반적인 다른 사람과 비교해 보았을 때 너무나 못났기에 열심히 기도했고 정말 최선을 다해 공부했습니다. 저의 이러한 연약함은 저뿐만 아니라 이 나라에도 무한한 도움을 주었습니다. 우리의 약점과 실망은 곧 하나님의 부르심입니다."

사도 바울도 마찬가지입니다. 자신의 약점을 놓고 기도하다가 놀라운 사실을 깨닫게 됩니다. 약점이 능력이요, 약점이 강함이요, 약점이 자신의 보배요, 약점이 자랑이라는 것입니다. 사도 바울은 이것을 깨달았기에 자신의 약함을 크게 기뻐했고 그 약점을 수치로 여기지 않겠다고 고백합니다. 사도 바울은 이렇게 다짐합니다.

"그러므로 내가 그리스도를 위하여 약한 것들과 능욕과 궁핍과 박해와 곤고를 기뻐하노니 이는 내가 약한 그 때에 강함이라"_고린도후서 12:10

사도 바울은 예전에 자신이 그렇게도 부끄럽게 여겼고

창피하게 여겼고 감추고만 싶었던 약점을 이제는 기쁘게 여기고 자랑하며 살겠노라고 결단하고 있습니다. 왜 그렇습니까? 하나님의 손에 붙잡힌 약점은 더는 약점이 아니라 강점이 되고, 삶을 더 성숙하게 하고 풍성하게 한다는 것을 깨달았기 때문입니다.

지금 당신의 약점이 보이십니까? 그 약점으로 인해 속상해하지 말고 불평이나 원망하지 마십시오. 오히려 그것을 통해 일하실 하나님을 기대하며 기뻐하고 감사하길 바랍니다. 남편과 아내의 약점, 자녀의 약점, 부모의 약점, 가정의 약점, 교회의 약점이 자꾸 보입니까? 당신이 사랑으로 덮어주고 채워주고 기도해 주고 그 약점을 통해 역사하실 하나님을 기대하며 기뻐하고 감사하길 바랍니다.

이런 이야기가 있습니다. 1943년의 어느 날 길을 걷고 있던 피카소가 우연히 버려진 자전거 한 대를 발견했습니다. 그는 자전거에서 안장과 핸들을 떼어내고 안장 위에 핸들을 거꾸로 붙인 뒤 '황소 머리'라는 이름의 작품을 만들었습니다. 50여 년이 지나 런던의 한 경매장에서 이 작품이 경매에 부쳐졌습니다. 그리고 자그마치 293억 원이라는 금액에 낙찰되었습니다. 피카소는 쓰레기에 불과했던 자전거를 수백억이 넘는 고가의 미술품으로 탈바꿈시킨 것입니다. 아무리 보잘것없는 것이라도 명장의 손을 거치면 뛰어난 작품이 될 수 있습니다.

지금 당신에게 쓰레기 같다고 생각하는 약점이 있습니까? 그것이 육체의 질병일 수도 있고 가난일 수도 있고 배우지 못한 학벌일 수도 있으며 신체적인 장애일 수도 있습니다. 그리고 남모르는 과거, 혹은 좋지 못한 환경과 조건일 수도 있습니다.

그렇다면 이제 하나님 앞에 엎드리십시오. 약점을 강점으로 바꾸시는 하나님께 간절히 기도하십시오. 그럴 때 전능하신 하나님께서는 당신의 모든 약점을 자랑이 되게 하시고 유익이 되게 하시고 은혜의 통로가 되게 하여 주실 것입니다. 그리고 당신의 볼품없는 인생은 명품인생으

로 바뀌게 될 것입니다. 그 약점은 더는 당신의 수치가 아
니라 자랑이 될 것입니다.

약점 힐링 백신

WEAKNESS VACCINE

01. 약점 앞에 모든 사람은 공평하다

이 세상에 약점이 없는 사람은 없다. 왜 당신만 그런 약점이 있냐고 원망하지 마라. 그리고 이제 그 약점을 당신 만의 성공 무기로 만들라.

02. 약점도 아름답다

인간의 교만은 하늘을 찌른다. 약점은 교만의 안전장치다. 못난 점 때문에 더 기도하게 된다. 하나님을 인격적으로 만나고 능력을 받게 된다.

03. 약점에 숨겨진 하나님의 의도를 파악하라

하나님의 의도를 발견한 사람은 약점이 더는 수치가 아니라 자랑이 된다. 오히려 약점을 통해 반전과 역전의 인생을 살게 된다.

약점 말씀 처방전

당신의 약점이 독이 아닌 약이 될 수도 있도록 하는 말씀 처방전.

: 하나님은 흠 많은 질그릇을 명품으로 만드시는 분이라는 것을 알기.

"그러나 하나님께서 세상의 미련한 것들을 택하사 지혜 있는 자들을 부끄럽게 하려 하시고 세상의 약한 것들을 택하사 강한 것들을 부끄럽게 하려 하시며"_고린도전서 1:27

"이와 같이 성령도 우리의 연약함을 도우시나니 우리는 마땅히 기도할 바를 알지 못하나 오직 성령이 말할 수 없는 탄식으로 우리를 위하여 친히 간구하시느니라"_로마서 8:26

"모세가 여호와께 아뢰되 오 주여 나는 본래 말을 잘 하지 못하는 자니이다 주께서 주의 종에게 명령하신 후에도 역시 그러하니 나는 입이 뻣뻣하고 혀가 둔한 자니이다 여호와께서 그에게 이르시되 누가 사람의 입을 지었느냐 누가 말 못 하는 자나 못 듣는 자나 눈 밝은 자나 맹인이 되게 하였느냐 나 여호와가 아니냐 이제 가라 내가 네 입과 함께 있어서 할 말을 가르치리라 모세가 이르되 오 주여 보낼 만한 자를 보내소서 여호와께서 모세를 향하여 노하여 이르시되 레위 사람 네 형 아론이 있지 아니하냐 그가 말 잘 하는 것을 내가 아노라 그가 너를 만나러 나오나니 그가 너를 볼 때에 그의 마음에 기쁨이 있을 것이라 너는 그에게 말하고 그의 입에 할 말을 주라 내가 네 입과 그의 입에 함께 있어서 너희들이 행할 일을 가르치리라 그가 너를 대신하여 백성에게 말할 것이니 그는 네 입을 대신할 것이요 너는 그에게 하나님 같이 되리라 너는 이 지팡이를 손에 잡고 이것으로 이적을 행할지니라"

출애굽기 4:10-17

Chapter 8

열등감 *INFERIORITY*
당신의 내면을 파괴하는 무서운 괴물

01. 가능성과 잠재력을 빼앗아 가는 주범

02. 하나님의 창조 가치를 인정하라

03. 하나님의 크신 능력을 의지하라

INFERIORITY

당신에게는 어떤 열등감inferiority이 있나요? 그 열등감으로 인해 관계가 틀어지고 힘들었던 경험은 없나요?

열등감劣等感, feeling of inferiority이라는 말의 사전적 의미는 자신이 남보다 못하거나 부족하다는 생각에서 오는 느낌을 말합니다. 이러한 감정을 콤플렉스라는 측면에서는 열등감 콤플렉스inferiority complex 또는 자격지심自激之心으로 확장되어 불릴 수 있으며, 인간은 누구나 신체적, 심리적, 사회적 조건 등 다양한 원인에서 열등감을 가질 수 있다고 설명합니다위키백과 참고.

열등감 콤플렉스

열등감이라는 말을 처음으로 사용하고 열등감에 대하여 깊이 연구한 심리학자 알프레드 아들러Alfred Adle는 열등과 열등감, 열등감 콤플렉스를 각각 다르게 설명합니다. 열등은 신체의 장애 등 무언가가 부족하다는 사실 자체이고, 열등감은 객관적인 사실과 관계없이 자신이 열등하다고 느끼는 주관적인 감정이며, 열등감 콤플렉스는 지나치게 과장된 열등감, 한마디로 비정상적인 열등감이라고 말합니다.

이 땅을 살아가는 모든 사람은 알게 모르게 열등감이나 열등감 콤플렉스를 가지고 살아가고 있습니다. 못 배운 것에 대한 열등감, 신체 혹은 외모에 대한 열등감, 가난에 대한 열등감, 가정환경에 대한 열등감, 가족에 대한 열등감 등이 그것입니다. 끊임없이 다른 사람과 자신을 비교하면서 스스로 열등하다고 느낍니다. 당신은 어떤 열등감을 가지고 있습니까?

그런데 이러한 열등감이 제대로 잘 처리되지 못하면 그것은 열등감 콤플렉스로 발전하게 되어 삶에 엄청난 나쁜 결과를 가져옵니다. 예를 들어 열등감 콤플렉스에 사로잡힌 사람은 자기를 학대하고 다른 사람과 만나는 것을 꺼리고 전화도 받지 않게 됩니다. 친구가 놀러 가자고 해도 머리가 아프다며 핑계를 대고 남들과 담을 쌓으며 자폐증적 삶을 살게 됩니다. 자연히 대인 관계가 원만하지 못하게 되고 협동하지 못하며 사회생활이나 직장생활도 원활하게 유지하지 못합니다.

　　또한 다른 사람에 대해 쉽게 오해하며 증오심을 품기도 합니다. 사소한 일에도 예민해지면서 각종 노이로제로 연결되고 심해지면 정신병으로 발전하기도 합니다. 불안, 공포, 우울, 분노 등과 같은 정서 장애, 불면증이나 악몽 등과 같은 수면 장애, 신체장애, 순환기 장애, 피부 및 근육 장애, 가정 폭력, 성폭력 등의 행동 장애와 같은 다양한 부작용으로 나타나기도 합니다. 한마디로 열등감은 자신을 파괴하는 무서운 괴물과도 같은 것입니다.

최고의 스펙을 갖춘 모세의 열등감

출애굽기 3장에서 4장에 보면 모세라는 인물이 하나님의 무대에 사명자로 등장합니다. 모세는 이스라엘 역사에 있어 빼놓을 수 없는 위대한 인물이며, 영향력 있는 인물입니다. 날 때부터 외모가 준수했고 용모가 뛰어났습니다. 성장 배경도 훌륭합니다. 애굽 바로 왕의 아들로 입양되어 최고의 궁중 교육을 받습니다. 또한 40년 동안 광야에서 하나님께 리더 훈련도 받습니다. 그에게는 부족함이 없어 보입니다. 모든 스펙을 갖춘 당시 최고의 리더였습니다. 이렇게 열등감과는 너무 거리가 멀게 느껴지는 모세도 출애굽기 4장에 보면 마음 한구석에 열등감을 가지고 있었음을 알 수 있습니다.

특별히 출애굽기 3장과 4장은 하나님께서 모세에게 사명을 주시는 장면이 기록되어 있습니다. 하나님은 모세에게 "이제 내가 너를 바로에게 보내어 너에게 내 백성 이스라엘 자손을 애굽에서 인도하여 내게 하리라"^{출 3:10}는 사명을 주십니다. 모세에게 "너는 가서 애굽에서 고생하고 있는 네 백성을 해방하라"고 말씀하신 것입니다. 그러나 모세는 자신이 가지고 있는 열등감으로 인해 하나님의 소명을 거부하기에 이릅니다. 자기는 못 하겠다고 말합니다. 적임자가 아니라고 말합니다.

"모세가 여호와께 아뢰되 오 주여 나는 본래 말을 잘 하지 못하는 자니이다 주께서 주의 종에게 명령하신 후에도 역시 그러하니 나는 입이 뻣뻣하고 혀가 둔한 자니이다"_출애굽기 4:10

"모세가 이르되 오 주여 보낼 만한 자를 보내소서"_출애굽기 4:13

모세는 얼마든지 좋은 배경, 조건, 능력, 힘을 가지고 있었음에도 불구하고 열등감으로 인해 자신을 과소평가하고 결국 자기에게 주신 놀라운 축복의 기회를 놓쳐버릴 위기에 처하게 됩니다. 이처럼 열등감은 하나님의 자

녀인 당신이 성공적인 인생, 풍성한 삶을 살지 못하도록
발목을 잡는 올무 역할을 하게 되는 것입니다. 열등감은
당신을 기죽게 하고 부정적인 생각과 죄의식을 가지게
하는 사탄의 강력한 무기임을 알아야 합니다. 그렇다면
열등감이 당신의 삶에서 무엇을 파괴하는지 살펴보겠습
니다.

01. 가능성과 잠재력을 빼앗아 가는 주범

열등감은 당신 자신이 할 수 있는 무한한 가능성과 잠
재력을 마비시키고 무력하게 만듭니다. 모세를 보십시오.
모세는 왕궁에서 지식과 교육을 받았습니다. 광야에서
인격과 성품, 분별력과 판단력, 리더십 훈련받았습니다.
모세의 능력과 잠재력은 그 누가 보아도 탁월卓越했습니
다. 당시에 모세를 능가할 어떤 인물도 없었습니다. 그러
나 열등감은 결국 모세의 모든 능력과 잠재력을 파괴하
고 자신의 약점과 부족함만을 보게 했던 것입니다. 이처

럼 열등감은 당신의 삶에서 '나는 못 한다, 나는 할 수 없다, 나는 안 된다'라는 패배 의식과 낮은 자존감을 가지게 함으로 당신의 인생을 실패와 파멸로 몰아가는 것입니다.

하나님께서는 당신에게 무한한 가능성과 잠재력, 탁월한 능력을 주셨습니다. 승리의 DNA, 행복의 DNA를 이미 주셨습니다.

"하나님이 그들에게 복을 주시며 하나님이 그들에게 이르시되 생육하고 번성하여 땅에 충만하라, 땅을 정복하라, 바다의 물고기와 하늘의 새와 땅에 움직이는 모든 생물을 다스리라 하시니라"_창세기 1:28

"내게 능력 주시는 자 안에서 내가 모든 것을 할 수 있느니라"_빌립보서 4:13

"예수께서 이르시되 할 수 있거든이 무슨 말이냐 믿는 자

에게는 능히 하지 못할 일이 없느니라 하시니"_마가복음 9:23

자꾸 다른 사람과 당신을 비교하지 마십시오. 열등감 콤플렉스를 가진 사람들의 특징은 다른 사람과 자신을 비교한다는 것입니다. 그래서 열등감을 '비교 감정'이라고 말하는 학자들도 있습니다. '부러우면 지는 거다?' 이것은 비교 감정에서 나온 말입니다. 왜 부러우면 지는 겁니까? 부러우면 그냥 부러워하면 됩니다. 남이 부럽다고 해서 당신이 지는 것은 아닙니다. 다른 사람들이 부러워할 만한 것이 당신에게도 많이 있습니다. 다른 사람의 성공, 외모, 가진 것들에 대해 열등의식을 가질 필요가 없습니다.

어둠의 영인 사탄은 당신에게 자꾸 다른 사람들과의 비교 감정을 통해 열등감을 자극함으로 하나님께서 당신에게 주신 무한한 잠재력과 가능성을 파괴하려고 합니다. 당신을 불행한 삶으로 끌어 내리려 합니다. 이제는 '나는 못 한다, 나는 할 수 없다, 나는 안 된다'라는 열등감을 버리고 하나님께서 주신 잠재력과 가능성을 마음 껏 발휘하여 성공적인 인생을 사는 주인공이 되기를 바 랍니다.

하나님께서는 당신에게 위대한 꿈과 비전을 주셨습니다. 개인과 가정, 가족과 자녀, 직장과 일터, 교회와 민족이 잘되고 형통하며 풍성한 열매를 맺는 복된 미래를 선포해 주셨습니다. 당신은 단지 순종의 믿음을 통해 하나님께서 약속해 주신 꿈과 비전의 열매를 거두기만 하면 됩니다. 모세에게도 하나님께서는 원대한 비전을 주셨습니다. 모든 것을 하나님이 준비하셨고 인도하실 것이라고 말씀하십니다. 단지 순종을 통해 그 꿈의 열매를 거두라고 말씀하십니다.

믿음 안에서 복된 꿈을 꾸길 바랍니다. 복된 자화상을 갖길 바랍니다. 당신이 지금보다 나중이 더 잘 될 것이라는 꿈을 꾸십시오. 당신의 가정이 지금보다도 나중이 더 행복해지고 부요해 질 것이라는 꿈을 꾸십시오. 당신의 가족과 자녀가 지금보다도 나중이 더 멋지고 잘 될 것이라는 꿈을 가지십시오. 당신의 직장과 일터가 지금보다도 나중이 더 잘 될 것이라는 꿈을 꾸길 바랍니다.

당신이 이렇게 믿음 안에서 꿈을 꾸고 기도할 때 그 꿈을 이루게 하시고 열매를 거두게 하시는 분은 하나님입니다. 이제 '안 된다'라는 부정적인 자화상, '나는 이것밖에 안 돼!'라는 열등감은 떨쳐 버리고 하나님의 복된 꿈과 비전의 사람이 되어서 하나님이 허락하신 꿈의 열매를 거두길 바랍니다.

그렇다면 어떻게 당신 안에 잠재해 있는 열등감으로부터 자유할 수 있을까요?

02. 하나님의 창조 가치를 인정하라

지금 열등감에 빠져 소명을 거부하며 힘들어하는 모세

에게 하나님께서는 이렇게 말씀하십니다.

"여호와께서 그에게 이르시되 누가 사람의 입을 지었느냐 누가 말 못 하는 자나 못 듣는 자나 눈 밝은 자나 맹인이 되게 하였느냐 나 여호와가 아니냐"_출애굽기 4:11

사람의 입, 당신의 입을 만드신 분이 바로 하나님이라는 것입니다. 그렇습니다. 열등감을 극복하는 가장 중요한 원리는 바로 '하나님께서 나를 창조하셨다'라는 확신을 하는 것입니다. 다시 말하면 당신을 사랑하시는 아버지께서 당신에게 하나님의 브랜드label를 붙여 이 땅에 보내셨다는 믿음입니다. 그리고 하나님은 당신에게 풍성한 삶, 행복한 삶을 살 수 있는 능력과 조건, 장점들을 주셨다고 확신을 해야 합니다.

하나님은 절대 실수하지 않으시는 분입니다. 이 땅에 어떠한 인생도 실수로 태어난 사람은 단 한 명도 없습니다. 당신은 하나님의 분명한 계획과 섭리에 의해 하나님의 걸작품으로 명품인생으로 이 땅에 태어난 사람입니다. 기죽지 마십시오. 다른 사람과 비교해서 열등감에 빠지지 마십시오.

독일의 정신분석학자 아이히바움Eichbaum은 역대 서양의 천재天才 78명에 대해 분석한 후 천재 중 83%가 육체의 결함이나 가족관계, 성性에 대한 콤플렉스의 소유자였고 심지어 정신병 증세를 나타냈다고 보고했습니다. 소크라테스, 줄리어스 시저, 잔 다르크, 미켈란젤로, 마르틴 루터, 블레즈 파스칼, 볼프강 아마데우스 모차르트, 아이작 뉴턴, 장 자크 루소, 루트비히 판 베토벤, 요한 볼프강 폰 괴테, 조지 고든 바이런, 임마누엘 칸트, 나폴레옹, 하인리히 하이네, 마르투르 쇼펜하우어, 리하르트 바그너, 오토 폰 비스마르크, 도스토옙스키, 프리드리히 니체, 라이너 마리아 릴케 등이 그 예입니다.

이들은 모두 열등감을 가질 수밖에 없는 조건이었다고 합니다. 예를 들면 한때 유럽을 지배했던 프랑스의 나폴레옹은 키가 아주 작았기 때문에 큰일을 하기 위해 모스

크바까지 쳐들어갔고, 중국의 덩샤오핑등소평, 鄧小平도 키 작은 열등감 때문에 정반대로 권력에 대한 의지를 키워 나라를 구하는 결과를 가져왔습니다. 이들은 모두 열등 감으로 인생을 망친 것이 아니라 오히려 열등감을 성장 과 성공의 도구로 사용했습니다.

그렇습니다. 이 세상의 모든 사람은 다 약점이 있고 부 족한 점이 있습니다. 완벽한 사람은 이 땅에 존재하지 않 습니다. 그리고 믿음의 눈으로 보면 그 모든 약점과 허물, 부족함은 열등감이 아니라 오히려 삶을 더욱더 복되게 하는 축복의 조건임을 알게 됩니다.

내가 창원에서 목회할 당시 남편은 두산중공업 상무, 아내는 교사라는 직업을 가진 집사님 부부가 있었습니 다. 자식이 둘이 있었는데 큰딸은 공부를 잘해서 미국 유 학 중이었습니다. 여기까지만 보면 누가 봐도 부러움의 대상입니다.

그러나 그 가정에 하나밖에 없는 아들에게는 지적장애

가 있었습니다. 집사님 부부는 한동안 지적장애가 있는 아들을 보며 '부족함이 없는 우리 가정에 왜 이런 불행한 일이 일어났단 말인가?'라고 생각하며 원망과 분노, 좌절감으로 힘들었다고 합니다. 하지만 이후 하나님을 만나면서 깨달은 사실은 '하나님은 자신보다 자신을 더 잘 아시는 분이구나'라는 것이었다고 합니다. 만약 지적장애가 있는 아들이 없었다면 자신들은 하나님 없이 교만하고 사치와 향락에 빠져 살았을 것이라고 말했습니다. 집사님 부부는 지적장애가 있는 아들을 보며 두 가지를 감사했다고 합니다. 하나는 아들을 통해 예수님을 믿게 된 것이고, 또 다른 하나는 아들을 통해 아픈 사람들이나 아픈 자녀를 둔 사람들의 마음을 이해하게 되고 그들을 향한 긍휼의 마음을 갖게 된 것이라고 합니다. 그러면서 나에게 이렇게 말했습니다.

"목사님. 제 아들은 우리 가정의 수치가 아니라 복덩이입니다!"

그렇습니다. 하나님은 절대 실수하지 않으시는 분입니

다. 지금 당신에게 열등감을 주는 요소들이 있다면 그것을 세상의 눈으로 보지 말고 당신을 창조하신 하나님의 눈으로, 믿음의 눈으로 바라보길 바랍니다. 그럴 때 당신을 힘들게 하는 모든 열등감에서 자유함을 얻을 수 있습니다.

03. 하나님의 크신 능력을 의지하라

하나님은 당신보다 능력이 많으신 분임을 믿습니까? 그렇습니다. 하나님은 죽은 자를 살리시며, 없는 것을 있게 하시며, 나쁜 모든 것을 좋게 하실 수 있는 능력자입니다. 이러한 능력의 하나님이 당신과 항상 함께하신다고 말씀하십니다. 당신을 지키시고 보호하시며 인도하신다고 말씀하십니다. 모든 것을 준비해 놓으셨다고 말씀하십니다.

모세는 소명 받았을 때 하나님께 이런 질문을 합니다. "제가 애굽에 가서 바로 왕에게 하나님을 소개할 때 뭐라고 해야 합니까?" 그때 하나님은 이렇게 말씀하십니다.

"하나님이 모세에게 이르시되 나는 스스로 있는 자이니라 또 이르시되 너는 이스라엘 자손에게 이같이 이르기를 스스로 있는 자가 나를 너희에게 보내셨다 하라"_출애굽기 3:14

하나님은 자신을 "스스로 있는 자"라고 말씀하십니다. 스스로 있는 자라는 말에 의미는 하나님은 의존적인 존재가 아니라 지존하신 분이며, 생성과 소멸이 없는 영원하신 분이며, 모든 것을 창조하신 전능자라는 의미입니다. 이것이 여호와야훼, 스스로 있는 자의 의미입니다. 이런 하나님이 모세와 동행하신다고 말씀하신 것입니다. 만약 모세가 이런 하나님을 절대 신뢰했다면 그는 하나님의 부르심에 즉각 순종했을 것입니다.

모세의 하나님은 당신의 하나님입니다. 이러한 여호와 하나님이 당신과 동행하시고 함께하신다고 말씀하십니다. 당신을 지키시고 보호하시며 인도하신다고 말씀하십니다. 이제 당신이 열등감에서 자유하고 싶다면 지존하신 하나님, 영원하신 하나님, 전능하신 하나님을 절대 신뢰해야 합니다.

일반적으로 열등감을 가진 사람들은 자꾸 자신의 부족한 것에만 집중하는 경향이 있습니다. 자신의 약점에만 집중합니다. 자신을 과소평가합니다. 그럴 때 열등감의 노예가 되어 버리는 것입니다. 모세도 마찬가지입니다. 자신이 말을 잘 못 하는 것, 자신의 나이, 자신의 처지와 환경만을 바라보고 못 한다고 말합니다.

기억하십시오. '지금 당신에게 무엇이 있느냐? 당신이 가지고 있는 실력이 무엇이냐? 당신의 환경이 어떠하냐?' 보다 더욱더 중요한 것은 '당신을 쓰시는 분이 누구냐?' 하는 것입니다. 능력의 하나님이 쓰시니까 모세의 지팡이가 홍해를 가르고 반석에서 물을 내는 것입니다. 능력의 하나님을 의지하니까 기드온의 300명의 용사가 수많은 적을 물리치는 것입니다. 능력의 하나님이 함께하시니까 다윗의 물매와 돌이 골리앗을 넘어뜨리는 것입니다. 능력의 하나님이 함께하시니까 삼갈의 소 모는 막대기가 블레셋 사람 600명을 무너뜨리는 것입니다.

당신은 부족하고 연약하다고 느끼겠지만, 당신이 의지하는 하나님은 크신 분입니다. 믿으십니까? 지금 당신에게 능력이 없고 돈이 없다 할지라도 괜찮습니다. 부족하지만 지금 있는 그것을 하나님이 쓰면 거기에서 오병이어의 역사가 나타납니다. 이제 당신의 능력을 과소평가하며 비하하지 마십시오. 당신의 능력과 상태를 보며 자기 모멸이나 자기 정죄에 빠지지 마십시오. 열등감은 하나님 없는 인간의 자기 가치 상실입니다. 당신은 스스로를 능력이 없다고 공부를 못한다고 실력이 없다고 다른 사람보다 머리가 둔하다고 열등감에 사로잡혀 아무것도 할 수 없다고 말할 수 있겠지만, 하나님은 이렇게 말씀하십니다. "능력 있는 내가 너와 함께할 거야. 그런 너를 내가 쓸 거야."

누구에게나 부족한 점, 상처, 과거의 쓴 뿌리로 인한 열등감이 있을 수 있습니다. 그러나 하나님의 크신 능력을 의지하는 사람들은 반드시 그 열등감을 이길 수 있고 극복할 수 있는 대안과 방법, 힘을 주신다는 것을 당신은 잊지 말기를 바랍니다.

송명희 찬양 시인이 있습니다. 그녀는 뇌성마비 장애를 가지고 태어났습니다. 일곱 살까지 누워만 지냈습니다. 술주정뱅이 아버지와 가난한 생활로 삶이 불행했습니다. 사춘기가 되면서 하나님을 원망했고 불만으로 가득한 삶을 살았습니다. 여러 번 자살을 시도하기도 했습니다. 주변 사람들을 보며 극도의 열등감에 시달렸다고 말합니다.

그러던 어느 날 그녀는 하나님을 인격적으로 만납니다. "나를 믿으라. 나를 믿지 않으면 너는 죽으리라"는 하나님의 음성을 듣게 됩니다. 그리고 하루에 다섯 시간씩 기도했다고 합니다. 그런 그녀에게 하나님께서는 하늘의 지혜를 주셨습니다. 세상을 보는 눈을 바꾸어 주셨습니다. 그 후 시와 소설을 50권이나 쓰게 됩니다. 그리고 약한 자들을 위로하는 위로자가 되었습니다. 책에서 그녀는 자신이 만난 하나님을 공평하신 하나님이라고 고백합니다. 하나가 뛰어나면 하나는 약하게 만드시고 하나가 있으면 다른 하나를 없게 만드셨다는 것을 깨닫게 하셨다고 말합니다. 이런 그녀의 고백이 담긴 찬양이 바로 '나 가진 재물 없으나'입니다. 그녀는 열등감을 극복하고 더 멋진 인생을 사는 주인공이 된 것입니다.

당신의 마음을 성형수술 해 주시는 분은 하나님입니다. 그러므로 이제부터는 당신을 힘들게 하는 열등감을 마음의 의사이신 하나님께 맡길 수 있기를 바랍니다. 하나님께 맡길 때 하나님이 당신의 열등감을 깨끗이 치유하시고 그 열등감을 성장과 성숙, 축복의 디딤돌로 사용해 주실 것입니다.

열등감 힐링 백신
INFERIORITY VACCINE

01. 가능성과 잠재력을 빼앗아 가는 주범

당신에게 주신 하나님의 꿈이 있다. 가능성과 탁월한 능력을 주셨다. 열등감에 당신의 복된 미래를 빼앗기지 마라.

02. 하나님의 창조 가치를 인정하라

당신은 Made in God하나님의 작품이다. 다른 사람과 비교하지 마라. 당신의 가치를 헐값에 팔지 마라.

03. 하나님의 크신 능력을 의지하라

당신의 약점과 부족함만 보았던 시선을 하나님께로 옮겨라. 당신만 보면 '당신짜리 인생'이다. 능력의 하나님을 보고 '하나님짜리 인생'을 살라.

열등감 말씀 처방전

당신의 모든 것을 파괴하는 무서운 괴물인 열등감에 대한 말씀 처방전.

: 능력의 하나님이 함께하실 때 그 열등감은 성장과 축복의 도구가 된다는 것을 알기.

"내가 너를 내 손바닥에 새겼고 너의 성벽이 항상 내 앞에 있나니"_이사야 49:16

"예수께서 이르시되 할 수 있거든이 무슨 말이냐 믿는 자에게는 능히 하지 못할 일이 없느니라 하시니"_마가복음 9:23

"베드로가 맹세하고 또 부인하여 이르되 나는 그 사람을 알지 못하노라 하더라 조금 후에 곁에 섰던 사람들이 나아와 베드로에게 이르되 너도 진실로 그 도당이라 네 말소리가 너를 표명한다 하거늘 그가 저주하며 맹세하여 이르되 나는 그 사람을 알지 못하노라 하니 곧 닭이 울더라 이에 베드로가 예수의 말씀에 닭 울기 전에 네가 세 번 나를 부인하리라 하심이 생각나서 밖에 나가서 심히 통곡하니라"

마태복음 26:72-75

Chapter 9

죄책감 GUILT
당신의 마음을 지옥으로 만드는 사탄의 히든카드

GUILT

당신은 혹시 죄책감guilt으로 힘들어하고 있지는 않나
요? 당신을 힘들게 하는 죄책감은 무엇인가요?

미국 미시간대학교의 연구팀이 죄책감에 대한 재미있
는 연구 결과를 발표했습니다. 그 내용은 '손을 씻으면 마
음까지 깨끗해진다'라는 것입니다. 흔히 범죄를 저질렀다
가 마음을 다잡고 새로운 삶을 시작할 때 '손을 씻었다'라
고 표현하는 것을 듣게 될 때가 있습니다. 그런데 실제로
손을 씻거나 샤워를 하면 죄책감이나 슬픔, 의심, 미움,
증오와 같은 부정적인 감정이 사라져 마음을 씻는 것 같

은 효과가 생긴다는 것입니다. 과연 그럴까요?

죄란 무엇인가?

당신의 마음에는 어떠한 죄책감이 자리 잡고 있나요? 당신의 마음을 지옥으로 만드는 죄책감을 이해하기 위해서 먼저 죄가 무엇인지를 알아야 합니다. 죄란 하나님으로부터 떠나있는 것을 말합니다. 창세기 3장에 보면 사탄뱀은 죄를 통해 하나님과 인간과의 관계를 단절시킵니다. 하나님으로부터 떠나있게 만들어 버립니다. 결국 하나님으로부터 떠난 결과 인간은 고통과 저주, 수고와 불행창 3:16-19을 겪어야 했습니다. 이것이 바로 죄의 열매입니다. 그리고 아담의 후손인 모든 인간은 그 죄의 열매를 먹고 있습니다.

"모든 사람이 죄를 범하였으매 하나님의 영광에 이르지 못하더니"_로마서 3:23

이렇게 하나님으로부터 떠나 불행과 저주 아래 놓인 인간을 찾아오신 분이 계십니다. 그분이 바로 하나님의 아들 독생자 예수 그리스도입니다. 예수님은 하나님으로부터 떠나있는 인간, 죄의 삯으로 사망 아래 놓여 있는 인간을 구원하시기 위해 이 땅에 오셨습니다. 죄의 문제를 해결하기 위해 오셨습니다마 1:21. 결국 죄의 문제는 예수 그리스도만이 해결할 수 있습니다. 세상의 그 어떤 이름, 세상의 그 어떤 방법으로도 죄의 문제는 해결할 수 없습니다. 이것은 하나님의 방법으로만 가능합니다.

"우리는 다 양 같아서 그릇 행하여 각기 제 길로 갔거늘 여호와께서는 우리 모두의 죄악을 그에게 담당시키셨도다"
_이사야 53:6

죄책감에 대하여

미국 인디언들의 옛이야기에 따르면 모든 사람의 마음

속에는 세모진 쇳조각이 있으며 사람이 나쁜 짓을 할 때
마다 그 쇳조각이 돌아가면서 마음을 아프게 하는데 이
때 느끼는 아픔이 죄책감이라고 설명합니다. 그렇습니다.
죄책감은 육체와 영혼을 찌르는 쇳조각과 같습니다. 한순
간에 당신의 마음과 삶을 지옥으로 만드는 무서운 도구
입니다. 또한 해결되지 않은 죄책감은 수치심, 불안과 우
울, 심하면 자살에 이르게도 합니다. 한 설문 조사에 의
하면 40% 이상의 사람들이 죄책감으로 괴로워하고 있다
고 말합니다.

  성경은 이러한 죄책감이 죄의 영향력이라고 말씀합니
다. 창세기 3장에 보면 하나님과 행복한 동행을 했던 아
담과 하와가 죄를 지은 후 동산 나무 사이에 숨게 됩니
다. 하나님에 대한 두려움, 서로에 대한 수치심을 갖게 된
것입니다창 3:7-8. 행복의 에덴동산이 불행의 지옥이 되고
말았습니다. 이것이 바로 죄의 열매인 죄책감이 가져온
결과입니다. 이렇게 무서운 죄책감이 손을 씻는다고, 샤
워를 한다고 해결될까요? 전혀 그렇지 않습니다.

죄책감의 쓴 뿌리는 예수 안에서 제거된다

상담을 하다 보면 예수 그리스도 안에 들어와 있으면서도 과거 죄의 쓴 뿌리로 인해 무척 힘들어하는 사람이 많다는 것을 알게 됩니다. 어렸을 때 저질렀던 실수, 부지불식간에 저질렀던 부정직한 행동들, 살면서 지은 여러 죄로 인해 죄책감에 시달리는 사람이 많습니다. 물론 도덕적으로 잘못을 저지르면 사회적인 법의 잣대로 대가를 치르게 됩니다. 그러나 대가를 치르고 속죄를 했음에도 불구하고 계속해서 죄책감의 쓴 뿌리로 인해 고통의 나날을 보내고 있는 사람이 많습니다. 예수 그리스도 안에 들어와 신앙생활하면서도 죄 사함의 확신을 하지 못하고 과거 죄의 쓴 뿌리에 발목이 잡혀 사는 성도도 의외로 많다는 사실입니다.

예수님은 죄의 문제를 해결하시기 위해서 이 땅에 오셨습니다. 하나님의 자녀 된 당신이 더는 죄의 쓴 뿌리인 죄책감 속에 살아가지 않도록 하기 위해서 이 땅에 오신 것입니다. 따라서 당신이 과거에 어떠한 잘못을 저질렀든지, 과거에 어떠한 실수와 죄를 지었든지 예수 그리스도의 이름을 믿으며 죄 사함을 확신하고 나아갈 때 죄의 그늘에서 벗어나는 은혜를 누리게 됩니다. 왜냐하면 예수 그리스도 안에는 결코 정죄함이 없으며 주홍같이 붉은 죄라도 눈같이 하얗게 되기 때문입니다. 이에 대해 사도 바울은 이렇게 고백합니다.

"이는 그리스도 예수 안에 있는 생명의 성령의 법이 죄와 사망의 법에서 너를 해방하였음이라"_로마서 8:2

죄와 사망의 권세를 이기고 부활하신 예수님의 첫 메시지도 "너희에게 평강이 있을지어다"눅 24:36, 요 20:19이었습니다. 죄의 그늘 아래에 놓인 사람들, 죄책감의 쓴 뿌리로 고통스러워하는 사람들에게 자유와 해방, 치유를 선언하신 것입니다.

이제 당신이 하나님의 자녀임을 믿는다면 더는 죄의 문

제로 죄책감 속에서 살아가지 않기를 바랍니다. 예수님
은 당신의 죄와 죄책감의 사슬을 끊어 버리기 위해서 십
자가에서 죽으셨기 때문입니다. 이것이 그리스도의 사랑,
그리스도의 은혜입니다.

죄책감의 두 극단

마태복음 26장과 27장에 보면 두 사람이 나옵니다.
베드로와 가룟 유다입니다. 두 사람 모두 예수님의 제자
입니다. 그러나 이들 인생의 결과는 극과 극이었습니다.
한 사람은 위대한 인물, 위대한 삶을 살았고 다른 한 사
람은 자살이라는 비극으로 인생의 막을 내렸습니다. 그
차이가 어디에 있습니까? 그것은 바로 죄책감의 문제를
해결했느냐 그렇지 못했느냐의 차이였습니다. 다시 말하
면 죄 사함의 확신이 있느냐 없느냐의 차이였습니다.

베드로는 예수님의 수제자요, 예수님의 사랑을 한 몸

에 받았던 인물입니다. 예수님께서 잡히시기 전 감람산에서 베드로에게 "네가 나를 세 번 부인 할 것이다"라고 말씀하십니다.

"예수께서 이르시되 내가 진실로 네게 이르노니 오늘 밤 닭 울기 전에 네가 세 번 나를 부인하리라"_마태복음 26:34

그때 베드로는 "제가 죽을지언정 절대로 부인하지 않겠습니다"라고 대답합니다.

"베드로가 이르되 내가 주와 함께 죽을지언정 주를 부인하지 않겠나이다 하고 모든 제자도 그와 같이 말하니라"_마태복음 26:35

이렇게 강하고 담대하게 말했던 베드로가 예수님께서 잡히시고 공회 앞에서 심문을 받으실 때 충격적인 모습을 보여 줍니다. 예수님을 모른다고 부인하는 것입니다.

"베드로가 맹세하고 또 부인하여 이르되 나는 그 사람을 알지 못하노라 하더라"_마태복음 26:72

베드로를 아는 사람들이 재차 그가 예수님을 따랐던 제자 중 한 사람이라고 말하자, 그는 예수님을 부인하는 것도 모자라서 이제 예수님을 저주하고 사람들에게 맹세까지 합니다.

"그가 저주하며 맹세하여 이르되 나는 그 사람을 알지 못하노라 하니 곧 닭이 울더라"_마태복음 26:74

이런 일이 있고 난 뒤 베드로는 인간적으로 양심의 가책과 신앙적인 죄책감을 느끼게 됩니다. 그리고 예수님의 말씀이 생각나서 통곡하며 울게 됩니다.

"이에 베드로가 예수의 말씀에 닭 울기 전에 네가 세 번 나를 부인하리라 하심이 생각나서 밖에 나가서 심히 통곡하니라"_마태복음 26:75

이후에 베드로는 자신의 죄를 철저히 고백하고 회개합니다. 그리고 죄책감에서 완전히 자유하게 됩니다. 오순절 성령충만을 경험한 후 위대한 사역을 감당하는 하나님의 도구가 됩니다. 그의 설교를 통해 수천 명이 회개하고 그리스도인이 됩니다. 그는 초대교회인 예루살렘교회의 최고의 지도자가 되어 땅끝 선교의 출발이 됩니다. 결국 복음을 전하다가 십자가에 거꾸로 못 박혀 순교합니다.

　마태복음 27장에 보면 가룟 유다가 나옵니다마 27:3-10. 가룟 유다도 베드로와 같이 예수님의 사랑을 받았던 제자였고, 예수님께서 재정을 맡겨주실 정도로 신뢰를 받았던 인물이었습니다. 그러나 그는 돈 욕심에 예수님을 은 30에 팔아넘깁니다. 이로 인해 예수님은 재판에 넘겨졌고 채찍에 맞으시며 갖은 모욕과 수치를 당하며 십자가를 지셨습니다. 그 모습을 보며 죄책감에 시달렸던 가룟 유다는 대제사장들과 장로들에게 은 30을 도로 가져다줍니다.

"그 때에 예수를 판 유다가 그의 정죄됨을 보고 스스로 뉘우쳐 그 은 삼십을 대제사장들과 장로들에게 도로 갖다 주며 이르되 내가 무죄한 피를 팔고 죄를 범하였도다 하니 그들이 이르되 그것이 우리에게 무슨 상관이냐 네가 당하라 하거늘"_마태복음 27:3-4

가룟 유다는 자신의 잘못된 행동을 뉘우치고 후회합니다. 자신이 죄를 범했다고 말하며 괴로워합니다. 죄책감에 시달립니다. 그 죄책감의 결과로 그는 스스로 목매어 죽습니다.

"유다가 은을 성소에 던져 넣고 물러가서 스스로 목매어 죽은지라"_마태복음 27:5

가룟 유다는 뉘우침과 죄의 고백을 하고 있지만, 죄책감을 완전히 떨쳐 버리지 못했습니다. 예수님께 죄 사하는 권세가 있다는 것을 알지 못했을뿐더러 계속되는 죄책감에 시달렸습니다. 결국 가룟 유다는 자살로 그 인생을 마감하고 만 것입니다.

베드로와 가롯 유다는 너무 대조적인 결말을 보여 줍니다. 두 사람이 똑같이 죄를 지었습니다. 베드로의 경우는 단순한 뉘우침과 후회로 끝난 것이 아니라 철저한 회개와 결단을 통하여 죄 사함을 확신하고 죄에서 자유함을 얻게 됩니다. 죄책감에서도 놓임을 받게 됩니다. 그러나 가롯 유다는 후회와 뉘우침은 있었지만 죄 사함을 확신하지 못한 채 계속 죄책감에 사로잡혀 지내게 됩니다. 그리고 그 죄책감은 결국 스스로 목숨을 끊는 안타까운 일로 이어지게 됩니다. 죄책감의 문제가 해결되지 않았을 때 그것이 얼마나 무서운 결과를 가져오는지 당신은 가롯 유다를 통해 알 수 있습니다.

사탄이 주는 죄책감, 성령님이 주시는 죄책감

그렇다면 당신은 베드로가 가졌던 죄책감과 가롯 유다

가 가졌던 죄책감의 차이가 무엇이라고 생각하나요? 여기에서 당신은 죄책감에는 두 종류가 있다는 것을 알아야 합니다. 하나는 사탄이 주는 죄책감이고 다른 하나는 성령님이 주시는 죄책감입니다.

사탄이 주는 죄책감은 참소와 고소입니다. 사탄은 지속해서 죄책감을 느끼게 합니다. 회개한 죄까지도 생각나게 합니다. 그리고 그 죄는 절대 용서받을 수 없다고 믿게 합니다. 그 결과 좌절과 자기 학대, 비관, 절망, 자살에 이르게 합니다. 가룟 유다의 경우가 그 예입니다.

그러나 성령님이 주시는 죄책감은 죄에 대한 가책입니다. 잘못을 분명하게 깨닫게 하십니다 요 16:7-8. 그러나 회개한 죄에 대해서는 책망하지 않으십니다 히 8:12. 용서받지 못한 죄가 없다고 말씀 하십니다 사 1:18. 베드로의 경우가 그 예입니다.

사탄은 이미 해결된 죄의 문제를 가지고 당신을 참소하

고 정죄함으로 지속해서 죄책감을 느끼게 합니다. 사탄은 죄책감을 통해 수치심을 갖게 하고 자기를 학대하게 하며 심지어 자살에 이르도록 당신을 안내합니다. 삶을 파멸로 이끌어 갑니다. 어떤 일이 있어도 사탄의 속임수에 넘어가지 않기를 바랍니다. 가룟 유다와 같은 비참한 인생이 되지 않기를 바랍니다.

오히려 당신은 죄의 모든 문제를 해결하고 죄의 모든 쓴 뿌리를 제거하며, 당신의 영혼에 만족과 기쁨, 자유와 해방을 주시는 성령님의 인도를 받길 간절히 소원합니다.

그렇다면 죄책감에서 자유함을 얻기 위해서는 어떻게 해야 할까요?

01. 죄를 시인하고 고백하라

죄책감에서 자유함을 얻는 첫 번째 비결은 우선 당신

의 잘못된 허물과 죄를 하나님 앞에 낱낱이 시인하고 고백하는 과정이 있어야 합니다. 죄를 시인하고 고백한다는 것은 그 죄를 인정한다는 것입니다.

당신이 말씀을 들을 때 그리고 말씀을 묵상할 때 성령님께서 말할 수 없는 탄식으로 당신의 죄를 깨닫게 하시거나 당신의 잘못과 허물을 보게 하십니다.

설교를 들을 때 '목사님은 나 들으라고 설교하시네. 왜 저렇게 찔리는 말씀만 하시나?' 이런 생각이 들 때가 있을 것입니다. 그것은 목사의 말이 아니라 성령님께서 당신을 사랑하셔서 깨닫게 하시는 것입니다. 당신에게 레마의 말씀을 주시는 것입니다. 그 말씀을 붙잡고 기도하시기 바랍니다.

성령님이 잘못을 깨닫게 하실 때, 당신의 허물이 보일 때 그 죄를 하나님 앞에 시인하고 고백하고 인정하며 회개하기를 바랍니다. 그럴 때 당신의 마음을 짓누르고 있던 무거운 죄책감은 눈 녹듯 사라질 것이며, 당신의 영혼을 묶고 있던 죄의 쓴 뿌리들이 제거되는 영적 자유함과 기쁨을 누리게 될 것입니다.

"만일 우리가 우리 죄를 자백하면 그는 미쁘시고 의로우사 우리 죄를 사하시며 우리를 모든 불의에서 깨끗하게 하실 것이요"_요한1서 1:9

02. 보혈의 능력을 확신하라

피는 생명을 말합니다. 구약시대에는 죄 사함을 얻기 위해서 양이나 소를 잡아 그 피를 제단에 뿌려야 했습니다. 자신의 죄를 대신해서 양이나 소가 피를 흘리고 죽는 것입니다. 마찬가지로 예수님은 당신의 죄를 위해 십자가에서 물과 피를 다 쏟으셨습니다. 당신의 모든 죄를 사하기 위해 십자가에서 당신 대신 죽으셨다는 것입니다. 이제 당신은 예수님의 보혈의 능력을 의지하고 죄 사함의 은혜를 받아 누리기만 하면 됩니다. 이것은 하나님의 자녀에게 거저 주시는 은혜입니다.

마르틴 루터Martin Luther는 자신을 바라볼 때마다 실망스러웠습니다. 죄를 지을 수밖에 없는 연약함 때문입니다. 때로 거짓말도 하며 살아가는 자신의 모습으로 인해 마음이 불편했습니다. 어느 날 죄 때문에 고민을 하다가 잠들었는데 꿈에 하나님이 흑판을 보여 주셨습니다. 흑판 위에 마르틴 루터의 이름이 기록되어 있었습니다. 그곳에는 자신이 어릴 때부터 지금까지 지은 죄의 목록이 기록되어 있었는데 그 수를 셀 수조차 없었습니다. 그것을 본 마르틴 루터는 더욱 절망에 빠졌습니다. '나는 구원받을 수 없는 존재야'라고 생각하며 깊은 고민에 빠지게 되었습니다.

그런데 어디선가 갑자기 손이 나타나더니 흑판 위에 기록되어 있는 죄의 목록 위에 '그 아들의 피가 우리를 모든 죄에서 깨끗하게 하실 것이요'라고 기록하는 것입니다. 자세히 보니 기록하는 손에 큰 못 자국이 나 있었습니다. 그리고 그 손에서 붉은 피가 떨어지는데 그 피가 흑판에 쓰였던 죄의 목록을 깨끗이 지우는 것이었습니다. 그때 마르틴 루터는 깨달았습니다. '내 죄는 헤아릴 수 없을 정도로 많지만 예수 그리스도의 피가 모든 죄를 깨끗하게 하시는구나.'

그렇습니다. 예수님의 피는 당신을 깨끗하게 하는 효력이 있습니다. 아무리 더럽고 추악한 죄라도 예수님의 보혈만 믿으면 깨끗하게 씻음 받을 수 있습니다. 이 놀라운 구속의 은혜, 죄 사함의 은혜를 확신할 때 죄책감에서 완전히 자유함을 얻게 됩니다.

그동안 당신의 마음을 무겁게 짓누르고 우울하게 하고 스스로를 자책하게 했던 과거 모든 죄의 목록들을 이제 예수님 앞에서 시인하고 고백하고 보혈의 능력으로 죄 용서받은 것을 확신함으로 자유와 기쁨을 누리길 바랍니다.

"그러므로 이제 그리스도 예수 안에 있는 자에게는 결코 정죄함이 없나니 이는 그리스도 예수 안에 있는 생명의 성

령의 법이 죄와 사망의 법에서 너를 해방하였음이라"_로마
서 8:1-2

03. 죄책감을 기도로 해결하라

마음의 죄의 쓰레기는 기도할 때 깨끗이 치워집니다.
기도할 때 하나님이 개입하시고, 하나님이 개입하실 때
당신의 힘으로 어찌할 수 없는 죄의 모든 열매가 깨끗이
처리되고 제거됩니다. 성경은 이에 대해 이렇게 말씀하십
니다.

"의인이 부르짖으매 여호와께서 들으시고 그들의 모든
환난에서 건지셨도다 여호와는 마음이 상한 자를 가까이
하시고 충심으로 통회하는 자를 구원하시는도다"_시편
34:17-18

"하나님께서 구하시는 제사는 상한 심령이라 하나님이여

상하고 통회하는 마음을 주께서 멸시하지 아니하시리이다"
_시편 51:17

'통회한다'라는 말은 '울부짖는다'라는 의미입니다. 자신의 죄와 상처를 기도를 통해 하나님께 토설한다는 영적 의미를 담고 있습니다. 죄와 마음의 상처를 사람에게 토로하는 것에는 한계가 있습니다. 잘못 이야기했다가 오히려 더 큰 상처를 받을 수도 있습니다. 하나님 앞에 기도로 통회할 때 하나님이 해결하십니다. 기도는 신비한 치유의 능력이 있습니다. 기도는 만병통치약입니다. 육적인 문제, 정신적인 문제, 영적인 문제를 치유하기 때문입니다.

이제 당신 삶의 어떠한 문제든지, 그것이 어떠한 죄든지, 어떠한 상처와 아픔이든지 기도로 하나님께 토설하고 통회하길 바랍니다. 당신이 울부짖으며 기도할 때 여호와 라파 치료의 하나님께서 해결하고 위로하고 치료하실 것입니다.

모든 사람은 실수와 허물이 있고 언제든지 죄로 인해 넘어질 수 있습니다. 모든 인간은 연약하기 때문입니다. 성경의 위대한 신앙 인물들도 다 그렇게 실수하고 죄에 넘어졌습니다. 그러나 중요한 것은 죄를 지은 이후입니다. 죄를 지은 후 죄책감이라는 사탄의 올무로 인해 패잔병처럼 살 것인가? 아니면 그 죄책감을 깨끗이 떨쳐 버리고 다시 일어나 축복의 주인공으로 살 것인가? 그것은 당신이 결정해야 합니다. 가롯 유다가 전자前者요, 베드로가 후자입니다.

　　하나님은 당신이 과거에 어떤 사람이었는지 관심이 없으십니다. 당신이 어떤 실수를 했는지, 어떤 죄를 지었는지 크게 신경 쓰지 않으십니다. 중요한 것은 당신의 과거 모든 허물과 죄를 누구의 눈으로 보느냐입니다. 이제 당신의 눈으로 과거를 보지 말고 하나님의 관점으로 바라보길 바랍니다. 그래서 더는 죄책감의 노예로 살지 않기를 바랍니다.

"그런즉 누구든지 그리스도 안에 있으면 새로운 피조물이라 이전 것은 지나갔으니 보라 새 것이 되었도다"_고린도후서 5:17

죄책감 힐링 백신

GUILT VACCINE

01. 죄를 시인하고 고백하라

죄를 인정하라. 그 순간 당신의 마음을 짓눌렀던 무거운 죄책감은 눈 녹듯 사라질 것이며 영혼을 묶고 있던 죄의 사슬이 풀려날 것이다.

02. 보혈의 능력을 확신하라

예수님의 피는 신비한 능력이 있다. 과거 어떤 죄의 얼룩이라도 깨끗이 씻어낸다. 새것, 즉 새로운 피조물로 만든다.

03. 죄책감을 기도로 해결하라

죄책감이라는 무거운 돌덩이는 기도할 때 가루가 된다. 기도할 때 다시 털고 일어설 수 있다.

죄책감 말씀 처방전

GUILT GOOD NEWS

당신의 마음과 삶을 지옥으로 만드는 사탄의 히든카드인 죄책감에서 벗어나기 위한 말씀 처방전.

: 죄책감을 무력화시키는 분이 바로 예수 그리스도라는 것을 알기.

"또 그들의 죄와 그들의 불법을 내가 다시 기억하지 아니하리라 하셨으니 이것들을 사하셨은즉 다시 죄를 위하여 제사 드릴 것이 없느니라"_히브리서 10:17-18

"그러므로 이제 그리스도 예수 안에 있는 자에게는 결코 정죄함이 없나니 이는 그리스도 예수 안에 있는 생명의 성령의 법이 죄와 사망의 법에서 너를 해방하였음이라"_로마서 8:1-2

힐링,
마음 백신

healing, heart vaccine

초판 1쇄 발행 | 2021년 12월 17일

지은이 김동수

발행인 이영훈
편집인 김영석
편집장 김미현
기획·편집 박기범 하조은
디자인 문영인

펴낸곳 교회성장연구소
등록번호 제 12-177호
주 소 서울시 영등포구 여의공원로 101 CCMM빌딩 703B호
전 화 02-2036-7936
팩 스 02-2036-7910

홈페이지 **www.pastor21.net**
쇼핑몰 **www.icgbooks.net**

ISBN | 978-89-8304-329-0 03230

"무슨 일을 하든지 마음을 다하여 주께 하듯 하라" 골 3:23

교회성장연구소는 한국 모든 교회가 건강한 교회성장을 이루어 하나님 나라에 영광을 돌리는 일꾼으로 성장하는 것을 목표로, 목회자의 사역은 물론 성도들의 영적 성장을 도울 수 있는 필독서를 출간하고 있다. 주를 섬기는 사명감을 바탕으로 모든 사역의 시작과 끝을 기도로 임하며 사람 중심이 아닌 하나님 중심으로 경영한다. "무슨 일을 하든지 마음을 다하여 주께 하듯 하라"는 말씀을 늘 마음에 새겨 하나님께서 주신 사명을 기쁨으로 감당한다.